RÉPERTOIRE DRAMATIQUE

DES AUTEURS CONTEMPORAINS.

N° 161.

PARIS.

LE CONSCRIT DE L'AN VIII,

COMÉDIE-VAUDEVILLE EN DEUX ACTES,

DE MM. BAYARD ET J. GABRIEL,

Représentée pour la première fois, à Paris, sur le théâtre du Gymnase-Dramatique, le 6 mai 1841.

DISTRIBUTION :

GUSTAVE DE MARCILLY, jeune officier d'état-major...............	M. TISSERANT.
JACQUET, garçon armurier. Il est conscrit........................	M. BOUFFÉ.
ANATOLE, ami de Gustave..	M. ADOLPHE.
FANNY, jeune couturière..	Mlle NATHALIE.
Mme LABRICHE, ouvreuse des baignoires et de l'avant-scène.....	Mme JULLIENNE.
PIERRE, placeur à l'orchestre...	M. MAURAZIN.
CHIPMANN, marchand de lorgnettes. Juif.............................	M. RÉBARD.
ANDRÉ, marchand de brochures...	M. BORDIER.
Mme DESFRIMATS, ouvreuse des premières loges.................	Mme DESMARES.
UN GARÇON LIMONADIER.	
SPECTATEURS.	

La scène se passe au théâtre de l'Ambigu, en 1800 (an VIII.)

ACTE I.

Le théâtre représente une partie du couloir du rez-de-chaussée du théâtre de l'Ambigu-Comique. Six portes de baignoires avec leurs lucarnes, font face au public, en décrivant un quart de cercle. Sur la porte de la loge n° 13 est suspendu un petit carton, qui indique que la loge est louée.

SCÈNE I.

Mme LABRICHE, Mme DESFRIMATS, PIERRE, M. CHIPMANN, ANDRÉ, etc.

(Au lever du rideau, on voit plusieurs personnes entrer et disparaître à droite et à gauche.)

PIERRE.
Enfin, voilà qui est fini, l'entrée est faite... eh bien! eh bien! l'ouvreuse, arrivez donc...

Mme LABRICHE.
Comment, arrivez donc! voilà une heure que je suis ici!

PIERRE.
La besogne donne ferme, il n'y a plus de place à l'orchestre, et le parterre est très garni... tous les claqueurs sont entrés avant le public.

Mme LABRICHE.
Ah! quelle queue, M. Pierre, quelle queue!
(Une personne paraît et court à l'orchestre.)

Mme DESFRIMATS, accourant à gauche.
Eh! Mme Labriche!..

Mme LABRICHE.
Tiens! Mme Desfrimats... qu'est-ce qui se passe aux premières?

Mme DESFRIMATS.
On y étouffe, ma chère... il n'y a plus de place, mais c'est égal, je les empile toujours... serait-ce un effet de votre bonté de me prêter deux petits bancs?.. j'en manque.

Mme LABRICHE.
Voilà, voilà... mes baignoires n'ont pas tout pris... Dieu veuille que ça continue!.. il est temps qu'il nous arrive une pièce neuf et un succès lucratif!

Mme DESFRIMATS
Je crois bien! hier je n'avais pas un bourgeois un peu huppé.

Mme LABRICHE.
Et moi donc, je n'ai eu dans toute ma soirée que trois petits bancs, et un trouver-mal.
(On entend crier : — L'ouvreuse!.. l'ouvreuse.)

Mme DESFRIMATS.
Voilà, voilà... en vous remerciant, Mme Labriche... tiens, M. Pierre!.. venez donc me rendre visite pendant le premier acte!
(Elle sort.)

Mme LABRICHE.
Aurons-nous du monde!.. nous allons être pleins comme un œuf!.. mais ça ne m'étonne pas... quand on m'a dit que le nouveau mélodrame s'appellerait : *La femme à deux Maris*, je me suis ajouté : ça fera de l'argent!.. c'est une pièce à la portée de tous les ménages!

PIERRE.

Et puis cet auteur-ci fait toujours des mélodrames si amusans, qui font pleurer tout Paris... je suis sûr que ce soir je vas pleurer comme une...

Mme LABRICHE.

C'est si naturel!.. oh! moi, depuis son Victor, ou l'Enfant de la forêt; j'ai pour lui une vénération profonde!..
(Grand mouvement. — Des spectateurs traversent et entrent à droite et à gauche.)
Mme LABRICHE, à plusieurs personnes qui entrent.
Une baignoire!.. voyons vos billets... (Comme leur répondant.) Vous bien placer!.. impossible! je n'ai plus que des deuxièmes banquettes, tout le premier rang est occupé... mais il y a toujours moyen de voir... (Le Monsieur porte la main à sa poche. — A part.) Allons donc!.. (Haut.) Et puis, il est si tard... (On lui glisse quelque chose.) Ah!.. j'ai bien le n° 11, on m'a dit de le garder... mais tant pire!.. les premiers venus engrènent... (Elle ouvre une baignoire.) Entrez... vous serez là tous les trois comme des petits anges... avec des petits bancs...

UN GRAND GARÇON, qui a entendu.

Des petits anges!.. ça doit être ici.

Mme LABRICHE.

Qu'est-ce que vous demandez?..

LE GRAND GARÇON.

Le paradis!.. v'là mon billet.

Mme LABRICHE.

Le paradis!.. je ne connais pas ça... montez trois étages au-dessus de l'entresol.

LE GRAND GARÇON.

Encore trois étages pour monter au paradis! que le diable vous emporte! (Il sort.)

M. CHIPMANN, criant.

Des lorgnettes!.. qui veut des ponnes lorgnettes!.. achetez une lorgnette!.. une pelle lorgnette!..

Mme LABRICHE.

Tiens!.. bonjour, M. Chipmann!.. vous êtes matinal, aujourd'hui!..

CHIPMANN, posant sa boîte sur une chaise.

C'est toujours comme ça, les jours de première représentation... et puis, auprès de vous, citoyenne... (Il lui prend la main.)

ANDRÉ, entrant vivement.

Journal du soir!..

Mme LABRICHE.

Prenez donc garde!

ANDRÉ, continuant.

Troisième bulletin de la grande armée!.. capitulation du fort de Bard!.. Demandez le journal!..

CHIPMANN, offrant du tabac à Mme Labriche.

Encore une conquête!.. En usez-vous, ouvreuse?

Mme LABRICHE, soupirant.

Ah! il y a long-temps... ça date de Mme Angot, au sérail de Constantinople... M. Corse, notre directeur, m'en offrit en se promenant dans le collidor, dans une tabatière d'or... Je le vois encore... il offrait du tabac à toutes les ouvreuses d'alors, alors... Il appelait ça des gratifications.

CHIPMANN.

Ça ne l'a pas ruiné.

Mme LABRICHE.

Six blancs, monnaie d'alors, alors... Pauvre cher homme!..

ANDRÉ, s'approchant de Mme Labriche.

Comment que ça va, petite mère?
(Il lui fait des agaceries, à droite.)

CHIPMANN, à gauche, lui prenant la main.

Toujours agaçante... ouvreuse!..

Mme LABRICHE, les repoussant.

Aix : Et voilà comme tout s'arrange.

Allons, vous plaisantez toujours!
Mais je suis prompte à la riposte...

CHIPMANN.

Les ouvreus's connaissent les amours!

ANDRÉ.

Ell's sont toutes solid's au poste!

Mme LABRICHE.

Oui, l'on a certain air vainqueur,
Qui fait que chacun nous remarque;
Nous somm's douc's et de bonne humeur,
Mais pour entrer dans notre cœur,
Nous n' donnons pas de contremarque.

TOUS DEUX, se rapprochant.

Oh! méchante!..

UN GARÇON DE CAFÉ, criant dans la coulisse.

Orgeat! limonade! de la bière!

ANDRÉ, vivement.

Journal du soir! troisième bulletin!

CHIPMANN, de même.

Lorgnette!.. des ponnes lorgnettes!

PIERRE, en même temps.

Par ici, le journal!..

SCÈNE II.

LES MÊMES, JACQUET.

(Veste et pantalon bleu, chapeau garni de rubans de diverses couleurs, sur le devant duquel est tracé, avec du blanc n° 459. Il entre en courant.)

JACQUET.

Ohé! les autres, par ici!..
(Il entre avec plusieurs conscrits.)

TOUS.

Le parterre!..

JACQUET.

Le parterre?.. Où qu'est le parterre?.. Excusez, citoyens, citoyennes, et la société... civilement parlant... (Montrant le billet.) V'là ma carte!.. Le parterre!.. ohé! la maman!..

Mme LABRICHE.

Passez votre chemin... ce n'est pas...

JACQUET.

Tiens!.. c'est vous, la mère Labriche!

Mme LABRICHE.

Ah bah!.. c'est toi, mon garçon?

JACQUET.

C'est la mère Labriche!.. la meilleure des bonnes femmes de la rue de la Limace... Cancannière finie... mais au fond, charmante en société, ne devant rien à personne, et aimant beaucoup les prunes à l'eau-de-vie.
(Il met la main à son chapeau.)

Mme LABRICHE.

Veux-tu te taire! Est-ce qu'on dit de ces choses-là?..

ANDRÉ, qui s'est approché de lui.

Tiens, tiens, tiens ! Vous êtes conscrit !

JACQUET.

C'est toi qui l'as dit, Grigri ! Conscrit de l'an VIII, comme les amis !... C'est à l'occasion de la chose, que je me suis enjolivé de rubans. (Chipmann et le garçon limonadier se rapprochent.)

Mme LABRICHE.

T'as tombé à la conscription ?

JACQUET.

Ah bien !.. ouiche !.. pas si bête !.. figurez-vous... (Allant ouvrir une baignoire et criant :) Ohé !.. dites donc !.. ne prenez pas toutes les places là-dedans... gardez-m'en une, les amis !

Mme LABRICHE, fermant la porte.

Mais veux-tu ne pas crier comme ça !

JACQUET.

Ah ! il ne faut pas crier... bon !.. (Reprenant.) Figurez-vous, citoyens, citoyennes et la société, nous étions quatre cent soixante bel hommes comme moi... (Montrant les autres.) Comme eux!... de la graine de héros... dont pas mal de bancals et autres... (Aux autres.) Excusez, ce n'est pas vous... les billets étaient dans le sac... où qu'on allait tirer... oh ! Dieu ! y avait-il des capons qui tremblaient... ils étaient aussi blancs... qu'est-ce que je dis donc ! plus blancs que votre bonnet, la maman !.. Monsieur le préfet était là avec sa figure de carton et son habit brodé en argent... et à chaque billet, il faisait un petit salut... comme qui dirait : T'as ton affaire, toi ! le sournois ! bref ! v'là mon nom qui arrive... Pierre Caracalla Jacquet...

ANDRÉ.

Le drôle de nom !... Caracalla !

JACQUET.

Le nom d'un empereur... chinois !.. j'en descends... alors, fallait entendre les autres... «Ohé !.. Jacquet, ohé !.. » Je m'avance fier et la tête haute !.. je mets la main dans le sac... je tremblais bien un peu tout de même... avec ça que le préfet, les officiers et tout le bataclan me reluquaient... ils me trouvaient pas mal... ils me regardaient aux jambes... mais moi pas bête !.. v'lan !.. j'amène le 459... il en fallait 158 !.. enfoncé le gouvernement !.. respect au pouvoir !.. je saute, je crie... les autres m'enlèvent en triomphe...

AIR : Tape, frappe.

Il fallait voir comme on m'portait !
Et comme on criait
Viv' Jacquet !
C'était une drôle de cohue !
Au bout de la rue,
En passant ma r'vue,
Je fais arrêter mes porteurs,
Mes crieurs.
Et je me mire en payant à boire !..
V'là l'histoire
Des triomphateurs !

Du liquide à quinze... à la santé du Premier Consul, qui doit avoir une fameuse indigestion, civilement parlant !

TOUS.

Ah bah !..

JACQUET.

Dame !.. il est en train d'avaler la républi-que !.. c'est dur à digérer tout de même !..

(Ils se mettent à rire.)

CHIPMANN.

Qu'est-ce qu'il dit : Avaler la république !..

JACQUET.

Eh bien ! oui, il est en train d'avaler la république, puisque...

CHIPMANN, comprenant.

Ah ! pon ! ah ! pon ! pon ! pon !

JACQUET.

Hein ?.. pon !.. il tire le canon en réjouissance.

Même air.

Les têtes se mont'nt en buvant,
En chantant,
Jacquet l' bon enfant.
Bientôt en riant on s' querelle,
On crie, on chancelle,
Partout on m'appelle !..
Quand trois inspecteurs,
Ennemis des buveurs,
M'empoignent au milieu de ma gloire !..
V'là l'histoire
Des triomphateurs !

LE GARÇON LIMONADIER.

Orgeat ! limonade ! de la bière !

JACQUET.

Ohé ! garçon !... Dieu, est-il beau avec son casque à mèche !..

(Il tape sur le bonnet de coton.)

LE GARÇON.

Dites donc, vous !.. Tiens, c'est Jacquet !

JACQUET.

Eh !.. c'est François !.. ça va bien ?

LE GARÇON.

Mais oui, et toi aussi ? Allons, tant mieux !.. (Repartant.) Orgeat ! limonade !... (Il sort.)

JACQUET, aux conscrits.

A nos places !.. gardez-moi la mienne !... J'ai le temps d'être là-dedans... j'ai les pieds gelés... Justement, voilà une chaufferette !..

(Les conscrits sortent.)

SCÈNE III.

LES MÊMES, ANATOLE.

ANATOLE.

Avez-vous de la place à l'orchestre ?

Mme LABRICHE.

Pierre ! (Pierre paraît.) Un monsieur pour l'orchestre... (Allant à une dame qui arrive.) Voilà, Madame !

PIERRE.

Eh ! vite... il n'y a plus qu'une place à l'entrée... Si Monsieur veut un tabouret ?..

M. CHIPMANN.

Voulez-vous une lorgnette ?.. achetez une lorgnette !

ANDRÉ.

Journal du soir !

(Anatole s'arrête à essayer une lorgnette, Mme Labriche a enlevé le chapeau de la dame et lui a ouvert une baignoire.)

Mme LABRICHE.

Un petit banc !.. Voilà !..

JACQUET.

En gagne-t-elle, des pièces de dix sous, cette mère Labriche ! (La mère Labriche lui met sur la tête le chapeau qu'elle tient.) Eh bien ! eh bien !.. qu'est-ce que vous faites là ?.. est-ce que vous me prenez pour un champignon ?..

Mme LABRICHE, riant.

C'est juste !.. attends !.. (Rangeant.) Ah ça ! bonne pièce ! et tes amours !.. y penses-tu encore, comme l'autre jour, que tu étais si triste ?..

JACQUET.

Si j'y pense... mère Labriche... si j'y pense !.. Mais j'en suis bête, voyez-vous !.. bête comme vos mélodrames !.. je n'en dors pas du tout... Oh ! l'amour... quand ça vous tient !... Vous ne connaissez pas ça, vous ?..

Mme LABRICHE.

Qu'est-ce que tu dis là ?

JACQUET.

Et puis, c'est que ma Fanny possède mon cœur tout entier, celle-là... tout entier... car il n'y a pas encore évu de brèche, voyez-vous ?..

Mme LABRICHE.

Oh ! je sais que tu es un honnête garçon... et je suis sûre que ta Fanny sera heureuse.

JACQUET.

Si elle sera heureuse !.. si elle le sera !.. cristi ! Je l'idolâtre ! et pour un motif honorable, je vous prie de le croire, un mariage solide !.. c'est mon idée, mon rêve, mon bonheur ! Dieu ! ma femme ! ma petite femme ! Comme je leur disais là, tout à l'heure, s'il fallait me séparer d'elle... j'en mourrais !..

Mme LABRICHE.

Laissez-moi donc tranquille !

JACQUET.

Au premier coup de canon... dame ! il y en a pour tout le monde ! mais Fanny est coquette... elle fait sa tête... parole !.. à preuve que voilà trois jours que je ne peux pas la rencontrer chez elle, rue Charlot, au cinquième, au-dessus de l'entresol... cent cinquante marches... Elle est bien élevée... Mais qu'est-ce qu'elle devient ? Vous me direz que, lorsqu'on travaille de ses mains... dans la couture...

Mme LABRICHE.

Et puis, elle t'aime !..

JACQUET.

Si elle m'aime !.. Mais elle... elle m'aime comme trois cent mille... et ce n'est pas d'hier !.. Tenez, du temps de sa mère... elle a évu une mère... et même qu'elle m'avait flanqué à la porte, sa mère... elle ne pouvait pas me souffrir... Eh bien ! Fanny, qui voulait avoir mon portrait en cachette... à côté de son lit... pour me voir en dormant. J'étais si jeune !.. Elle m'avait fait dessiner au naturel... avec une redingotte grise et un petit chapeau à cornes... elle disait à sa maman que c'était le portrait du général Bonaparte. Hein !.. fameuse, la couleur !

(Mme Labriche rit.)

PIERRE.

Silence !.. voilà l'ouverture qui commence...

JACQUET.

Ah bah !.. et ma place !.. Excusez, citoyens, a compagnie ! Ah ! dites donc, le marchand de verres cassés... j'ai la vue basse, je voudrais un élescope pour bien voir M. Taütin !

M. CHIPMANN.

Je ne vends pas aux conscrits !

UNE TÊTE, à l'œil de bœuf d'une baignoire.

A la porte, le bavard !

JACQUET.

Bonjour la Lune !.. (Il sort en courant.)

SCÈNE IV.

Mme LABRICHE, M. CHIPMANN, ANDRÉ.

(Mme Labriche et André montent sur des tabourets et regardent par les lucarnes.)

M. CHIPMANN, posant sa boîte sur une chaise.

Mme l'ouvreuse, je dépose ma boîte ici...

Mme LABRICHE.

Taisez-vous donc !.. v'là M. Raffile... Dieu ! est-il drôle !.. Cet homme-là doit être bien aimable dans le tête-à-tête !

ANDRÉ.

Ah ! v'là mamzelle Lévêque qui entre...

Mme LABRICHE.

Hein !.. Est-elle attendrissante... voilà les mouchoirs qui vont déjà...

M. CHIPMANN.

Je monte à la galerie... je verrai mieux.

(Il sort.)

Mme LABRICHE.

Chut donc ! M. Defresne... quelle belle tête de coquin !.. je ne voudrais pas le rencontrer seule, à minuit, dans la rue de la Limace.

SCÈNE V.

GUSTAVE, FANNY, Mme LABRICHE.

GUSTAVE, donnant le bras à Fanny.

Une baignoire !

Mme LABRICHE, sans se retourner.

Il n'y a plus de place !

FANNY.

Comment, plus de place !.. Et ces demoiselles ?..

GUSTAVE.

Allons donc !.. n° 13... c'est loué... voilà le coupon !

Mme LABRICHE.

N° 13 ? C'est différent, mon officier... Je vas lire ma feuille.

ANDRÉ.

Taisez-vous donc... vous m'empêchez de voir.

FANNY.

Mais ces demoiselles, Monsieur, où sont-elles donc !

GUSTAVE.

C'est singulier ! elles devraient être ici...

FANNY.

Oh ! d'abord, je ne reste pas sans elles !..

GUSTAVE.

AIR :

Comme vous tremblez !.. Et pourquoi ?

FANNY.

C'est que, voir la pièce nouvelle...
Seule !..

GUSTAVE.
Nous sommes deux, je crois!
FANNY.
C'est ce qui m'effraie!
GUSTAVE.
Ah! ma belle,
Que redoutez-vous d'un ami,
D'un défenseur fidèle et tendre,
Veillant sur vous!
FANNY.
J'ai peur qu'ici,
Ce ne soit pas pour me défendre!
Mme LABRICHE.
C'est juste... n° 13... Vous voilà!..
GUSTAVE.
Eh! vite... dépêchez-vous.
FANNY.
La pièce nouvelle est commencée?
Mme LABRICHE.
Je crois bien!.. la première acte est presque finie!.. (A part.) Il y a des gens qui arrivent toujours trop tard... je manque mon spectacle, moi!
FANNY.
Mais vous m'avez dit que nous trouverions mes compagnes ici.
GUSTAVE.
Mais, ma chère enfant...
FANNY.
Oh! d'abord, Monsieur, je suis une honnête fille; je vais me marier... et si vous me compromettiez...
GUSTAVE.
Non, non; je vais chercher les autres... Entrez.
Mme LABRICHE.
Si Madame veut me confier son chapeau et son châle...
FANNY, entrant.
Merci, merci, je vous appellerai!.. Ah! Madame, si ces demoiselles viennent, les demoiselles du magasin, des robes blanches avec des capotes vertes... vous leur direz...
GUSTAVE.
Oui... oui... que nous sommes ici.
(Elle entre dans la loge.)
Mme LABRICHE.
Si Monsieur le désire, je vais baisser la grille.
GUSTAVE.
C'est bien!.. c'est bien!
LA VOIX DE JACQUET, au parterre.
Taisez donc vos bouches aux avant-scènes!.. vous empêchez d'entendre M. Tautin. Bravo, Raffile!.. à bas les avant-scènes!
GUSTAVE, revenant à Mme Labriche.
Un petit banc, Madame!.. Eh! vite donc!

SCÈNE VI.

GUSTAVE, ANATOLE, Mme LABRICHE, ANDRÉ, etc.

ANATOLE, sortant de l'orchestre.
Ah! on étouffe là-dedans!.. Ma foi, pendant l'entr'acte!...
GUSTAVE.
Allons donc, l'ouvreuse!

Mme LABRICHE.
Tout de suite!.. (A part.) Ah! ces militaires... On voit bien qu'ils sont les maîtres!
GUSTAVE.
Tiens! Anatole!..
ANATOLE.
Gustave, à l'Ambigu!..
GUSTAVE.
Qu'est-ce que tu vois là?.. Est-ce amusant?
ANATOLE.
Mais oui... tout le monde pleure... et nous ne sommes qu'à la fin du premier acte.
GUSTAVE.
Oh! moi, je ne tiens pas au spectacle.
ANATOLE.
Ni moi non plus! Ah ça! mais...
GUSTAVE.
Chut!.. (A Mme Labriche.) Fermez la loge... (S'avançant vers la baignoire.) Je reviens... Je vais chercher ces demoiselles...
(La porte se ferme.)
ANATOLE.
Ah bah!.. nous ne sommes pas seul.
GUSTAVE.
Au contraire... j'amène la beauté au mélodrame pour l'attendrir.
ANATOLE.
C'est fait... hein?
GUSTAVE.
Une vertu de magasin, mon cher... J'en suis fou!..
ANATOLE.
Depuis long-temps?
GUSTAVE.
Depuis avant-hier! Figure-toi, mon cher, la rencontre la plus piquante... Une pauvre enfant... l'innocence même... qu'un drôle poursuivait... Je me constitue son défenseur, j'offre mon bras, elle accepte en tremblant, par reconnaissance... je la remets dans son chemin, et de fil en aiguille, c'était une couturière... J'apprends qu'elle n'a pas d'ouvrage, qu'elle veut changer d'état, je lui promets ma haute protection... et elle m'échappe!.. Mais le lendemain, on lui offrait d'entrer dans un magasin de la rue Saint-Denis, où je vais quelquefois pour une grande commande de plumets... Je te recommande ce plumassier-là, mon cher... des ouvrières charmantes!..
ANATOLE.
Que tu protèges!
GUSTAVE.
Parbleu!.. Pauvres petits anges!.. Écoute donc, je suis venu à Paris pour la prochaine levée de 300,000 hommes... Ces pauvres colombes! il faut bien les consoler!.. D'ailleurs, un officier, un aide-de-camp du général Vandamme... Ces petites filles aiment beaucoup les uniformes. Lefèvre et moi, nous avions promis un grand dîner à tout le magasin, quand la commande serait finie, et ma foi, aujourd'hui!..
ANATOLE.
Vous avez dîné.
GUSTAVE.
Au Cadran-Bleu! rien que ça! Deux officiers et six grisettes... avec le maître du magasin; mais nous l'avons grisé... dès le premier service, il était sous la table!.. Au dessert, nous

proposons le spectacle qui est accepté avec enthousiasme!.. Lefèvre part le premier, il emmène les cinq plumassières à la Gaîté... et moi, sous prétexte de les rejoindre, j'amène l'autre, ma couturière, à l'Ambigu!

ANATOLE.

Je comprends! Une ruse de guerre!.. Vous voilà seuls, et... Mauvais sujet!..

GUSTAVE.

Pas du tout!.. Une vertu, mon cher!.. Elle crie... elle ne veut pas rester seule... Vrai, de l'honneur... Tiens, comme Mlle l'Évêque!

ANATOLE.

Allons donc! avec toi, l'homme des conquêtes!..

GUSTAVE.

Eh bien! non... parole! je crois que j'ai un rival!.. (Riant.) C'est drôle!.. Et Fanny aura beau résister... Elle s'appelle Fanny... c'est gentil, hein?..

ANATOLE.

Ah ça! mais, tu devais te marier?..

GUSTAVE.

Ma foi, non!.. Au diable le mariage!.. Juge donc!.. moi, je n'ai pas de fortune, je n'ai que mes épaulettes... et quand j'aurai une femme et beaucoup d'enfans... comme à la fin des romans... Avec ça que Bonaparte nous promet de nous retenir long-temps en campagne... et tandis que je serais là-bas, on pourrait bien, ici, près de ma femme... Allons donc! c'est bête!..

ANATOLE.

Dame! mon cher, un prêté rendu.

GUSTAVE.

C'est que si on me rendait tout ce que j'ai prêté... merci! Surtout, avec les idées que j'ai d'attraper une balafre à la première occasion.

ANATOLE.

Vraiment!..

GUSTAVE.

Il le faut, j'y suis engagé d'honneur!.. A la dernière parade, le Premier Consul qui avait sans doute entendu parler de quelques bonnes fortunes... parmi ces dames... se tourna de mon côté... et me regardant de la tête aux pieds : « Oui, bel homme, dit-il sèchement, mais je n'aime pas les Faublas, à l'armée... et si j'avais un visage comme le vôtre, je voudrais le faire traverser par un coup de sabre!.. » Général, lui ai-je répondu en relevant la tête, s'il ne me faut qu'une balafre pour vous plaire, vous serez content de moi!

ANATOLE, riant.

Et tu veux tenir parole?

GUSTAVE.

Je pars demain pour ça... et je jouis de mon reste, c'est-à-dire, du reste de ma figure... Je vais rejoindre mes amours.

(Applaudissemens.)

ANATOLE.

Et moi, mon tabouret... Nous causons là... pendant que la pièce va son train... Je te verrai dans ta loge.

GUSTAVE.

Certainement, mais à la fin du deuxième acte, je courrai ici près, à la Gaîté, voir où en est ce diable de Lefèvre, avec ses plumassières. Il faut que nous sachions où nous retrouver tous, ce soir.

ANATOLE.

Bravo! je suis homme à aller avec toi, pour juger du personnel... Et ce soir, je serai du souper.

GUSTAVE.

Hein?.. pourquoi pas?.. Quand il y a pour deux, il y a toujours... (Appelant.) Madame l'ouvreuse!..

Mme LABRICHE, toute en larmes.

Voilà, Monsieur, voilà!..

GUSTAVE.

Ouvrez-moi ma loge! (A Anatole.) Elle sanglotte!.. pauvre ange!

ANATOLE, à Gustave.

Bien du plaisir!

GUSTAVE.

Merci!

(Il entre dans la baignoire, Anatole à l'orchestre.)

SCÈNE VII.

Mme LABRICHE; ensuite JACQUET.

Mme LABRICHE.

Les v'là rentrés! c'est bien heureux!.. Il y a des gens qui sont toujours en l'air, et qui vous coupent votre attendrissement!

(Elle monte sur une chaise et regarde.)

JACQUET.

C'est indigne!.. c'est affreux!.. je le tuerai... je les tuerai tous les deux.

Mme LABRICHE, regardant le spectacle.

Chut donc!

JACQUET.

Comment, chut donc!.. comment, chut donc!.. Vous êtes encore bonne là, vous, avec vos chut donc!.. Quand je viens de la voir... dans une petite loge... près du théâtre... Ouvrez! ouvrez! que je fasse un malheur!..

Mme LABRICHE, à la lucarne.

Oh! qu'il est beau!

JACQUET.

Beau?.. qui?.. beau! qui?..

Mme LABRICHE.

M. Defresne!

JACQUET.

Dieu! que c'est vexatoire, une ouvreuse!.. Mais elle, elle, que je viens de voir du parterre, quand elle a baissé le grillage...

Mme LABRICHE.

Comment, elle?..

JACQUET.

Eh bien! elle!.. ma Nini, ma Fanny, que je vous dis!.. Et c'est vous, mère Labriche, qui avez donné un petit banc à l'infidélité!.. c'est votre état, je le sais bien... mais ça n'empêche pas de dire que vous enfermez le loup avec la bergère, et que vous avez la clé de l'enfer dans la poche de votre tablier.

Mme LABRICHE.

Allons donc!.. qu'est-ce qu'il chante?..

JACQUET.

Je ne chante pas!.. je n'ai pas envie de chanter... Je l'ai vue... oh! ma tête tourne, mon sang bouillonne, mes yeux se brouillent... Je vois des papillons noirs... j'en vois des jaunes ! beaucoup de jaunes !.. Ouvrez-moi, mère Labriche, ouvrez-moi, ou je défonce !..

Mme LABRICHE, toujours sur sa chaise.

Mais veux-tu te taire... tu troubles le public... l'officier de paix est à l'orchestre.

JACQUET.

Eh bien ! tant mieux !.. Je demande les gendarmes... civilement parlant !

(On frappe à une loge.)

Mme LABRICHE.

Tiens ! voilà le n° 11 qui se fâche !

JACQUET.

Je m'en fiche pas mal, de votre n° 11 !.. Ouvrez-moi, je veux voir cette jeune fille qui vient d'arriver... tout à l'heure !

Mme LABRICHE.

Qui ça ? au n° 13 ?..

JACQUET.

Au n° 13 ?..

Mme LABRICHE.

Avec un bel officier... (Elle se remet à la lucarne.) Laisse-moi tranquille !

JACQUET, s'éloignant de la porte et à demi-voix.

Ah ! un officier !.. C'est affreux !.. Elle ne pouvait peut-être pas choisir un autre état... un civil... Ah ! comme je te... il faut que je voie... (Il veut regarder par la lucarne.) Ah ! bon !.. ah ! bon !.. il y a un rideau !.. C'est indécent !.. (Apercevant la boîte du marchand de lorgnettes.) Ah ! une idée !.. (A part.) Ah ! je te forcerai bien à m'ouvrir, vieille couleuvre !.. Oh ! les ouvreuses de baignoires !.. c'est des monstres, voyez-vous !.. (Tout en parlant, il passe la houppelande, qui est sur la chaise.) On leur graisse la patte, et ça prête les mains à des... (Prenant le chapeau de l'officier de paix.) Un trois cornes ! ça va à ma situation !..

Mme LABRICHE, à la lucarne.

Oh ! Mlle Lévêque !.. Oh ! bravo !.. Oh ! pauvre chère femme !..

JACQUET, imitant la voix de Chipmann.

Marchand de lorgnettes !.. Voilà la lorgnette demandée !..

Mme LABRICHE.

Silence donc, père Chipmann !

JACQUET, de même.

On demande un pon lorgnette, baignoire n° 13 ! Voilà la lorgnette !

Mme LABRICHE, descendant.

Mais taisez-vous donc !.. Me déranger au moment le plus intéressant !.. Attendez... je ne trouve pas le trou de la serrure... j'ai tant pleuré... je n'y vois plus.

JACQUET, à part.

Oh ! vieille... (Il fait signe de la frapper. Elle ouvre la porte.) Merci !.. (Criant.) Le petit lorgnette demandée !

SCÈNE VIII.

LES MÊMES, GUSTAVE, FANNY, dans la loge; ensuite CHIPMANN.

GUSTAVE.

Allez au diable !.. Je n'ai rien demandé !..

JACQUET, la retenant.

Alors, c'est la petite madame, qui a demandé le petite lorgnette !

FANNY.

Mais vous vous trompez... Je n'ai rien demandé !

JACQUET, changeant de ton.

Ah ! c'est sa voix !.. c'est elle !

Mme LABRICHE.

Hein !.. par exemple !..

GUSTAVE.

Que veut ce drôle ?.. Fermez la porte !

JACQUET.

Vous ne fermerez pas cette porte !.. Non !.. Je m'y cramponne ! Vous me tuerez plutôt !.. Je suis conscrit... je ne lâcherai pas !..

FANNY.

Qu'est-ce donc ?

GUSTAVE, le faisant reculer.

Hein ? qu'est-ce que c'est ? Qu'est-ce qu'il y a ?.. (Mme Labriche ferme la porte de la loge.)

M. CHIPMANN, lui arrachant sa boîte.

Mon boîte !.. Rendez-moi mon boîte !..

JACQUET.

Allez-vous-en au diable !.. Elle ne m'a pas reconnu !..

Mme LABRICHE.

Mais, es-tu fou ?

JACQUET.

Oui, oui, je suis fou... Tenez, le voilà, votre trois cornes !

(Il le jette contre la porte de la loge.)

Mme LABRICHE.

Malheureux ! c'est le chapeau de l'officier de paix qui est à l'orchestre !

JACQUET, déchirant la houpelande.

La voilà, votre houpelande !..

Mme LABRICHE.

Miséricorde !

CHIPMANN.

Mon houpelande !..

JACQUET, saisissant un tabouret.

Oh ! je suis furieux !.. je voudrais battre quelqu'un... (Chipmann se sauve.) Oui... elle est là, Fanny !.. Moi, qui l'aimais tant ! L'ingrate ! l'infâme !.. Seule !.. avec... avec... Retenez-moi, retenez-moi. Je suis capable de la suicider, savez-vous !

(Il donne un coup de poing dans la porte de la loge.)

SCÈNE IX.

GUSTAVE, JACQUET, Mme LABRICHE.

GUSTAVE, sortant de la loge, qu'il referme.

Quoi donc ?.. Quel est donc le drôle qui se permet ?..

Mme LABRICHE.

Là !.. arrange-toi !.. (Elle s'éloigne.)

JACQUET, après avoir posé le tabouret.

C'est moi, mon officier... moi, un conscrit qui ne boude pas !.. conscrit rageur !.. qui ne sait pas garder quelque chose sur le cœur... J'avais une maîtresse...

GUSTAVE.

Ah ! bah ! l'ouvrier qu'elle aime !

JACQUET.

Je dis : j'avais... parce que depuis un instant... je crois que j'ai un remplaçant.

GUSTAVE.

Tu as un remplaçant ?.. Eh bien ! qu'est-ce qu'il faut de plus à un conscrit ?..

JACQUET.

Le calembourg ne me touche pas... J'ai le n° 459... je suis libéré par le tirage...

GUSTAVE.

Alors, de quoi te plains-tu ?.. Le bonheur te poursuit.

JACQUET.

Oui, il est joli, le bonheur !... Mais, c'est indigne à vous !.. Oui, oui, indigne !.. quand vous pouvez avoir de belles dames, des dames de la haute volée, nous prendre nos ouvrières, à nous qui n'avons que ça... Vous abusez de votre physique !..

GUSTAVE.

Comment ! mon physique !.. Mais, tu es superbe, toi !.. Tu as surtout des jambes en forme de crosses...

JACQUET.

C'est possible... je suis armurier... Je n'ai jamais séduit personne... ce n'est pas de mon état.

GUSTAVE.

Je te crois !

JACQUET.

Au lieu que vous, vous vous faites aduler.., sous prétexte que vous êtes bel homme !.. Oh ! les bel hommes !.. je les déteste !.. Tenez, je voudrais vous voir bossu, borgne, bancal !..

GUSTAVE.

Merci !.. Mais, fais-moi le plaisir de décamper... si tu tiens à tes oreilles !..

JACQUET.

Non, je n'y tiens plus !.. Non, non, non !.. Qu'est-ce que vous voulez que j'en fasse, à présent ?.. (Pleurant.) Je l'aimais, voyez-vous !.. J'aurais donné ma vie pour elle !.. C'était mon seul bien, à moi... Je voulais en faire ma femme, ma légitime épouse !..

GUSTAVE.

Eh bien ! mon garçon, du courage... Ça n'empêche pas !..

JACQUET.

Ça n'empêche pas !.. Ah! ah! pour qui que vous me prenez ?..

Air de Turenne.

Tromper, séduire un' pauvre femme,
Faire un malheureux, c'est d' votr' goût.

GUSTAVE.

Tais-toi, drôle.

JACQUET.

Non, c'est infâme !
Mais un beau grade couvre tout !
Moi, j' suis brav' garçon, avant tout !
C' n'est pas comm' dans l' monde où vous êtes,
De mon honneur je suis jaloux,
Et je n' pourrai pas, comme vous,
M' rattraper sur des épaulettes.

GUSTAVE, s'emportant.

Malheureux !.. (Se calmant.) Y penses-tu ?.. je veux te consoler... et voilà que tu te montes la tête... Tu n'as pas le sens commun... Je ne connais pas ta... Tu l'appelles...

JACQUET.

Fanny.

GUSTAVE.

Ta Fanny... soit !.. Je suis ici avec une ci-devant baronne...

JACQUET.

Une ci-devant !.. cette jeune... vrai ?..

GUSTAVE.

Une grande dame de la haute société... dont le mari est...

JACQUET.

Connu !.. Eh bien !.. alors, mon officier... ouvrez la porte... que je voie !.. oh ! de loin !., rien que de loin...

GUSTAVE.

Du tout !.. Crois-moi et va-t'en !

JACQUET.

Voyez-vous !.. voyez-vous !.. vous n'osez pas !.. Eh bien ! non... je ne m'en irai pas !

GUSTAVE.

Si tu approches de cette loge !..

JACQUET.

J'en approcherai !.. j'y entrerai !.. et tout de suite... Tenez, tenez. V'lan !
(Il donne un coup de pied dans la porte.)

UNE VOIX.

Silence donc, là !

GUSTAVE,

Malheureux !..

SCÈNE X.

LES MÊMES, ANATOLE, PIERRE, CHIPMANN, L'OFFICIER DE PAIX.

(Plusieurs personnes paraissent aux portes et aux lucarnes.)

Mme LABRICHE, accourant.

Ah ! mon Dieu ! est-ce qu'il recommence !..

ANATOLE, sortant de l'orchestre.

Eh ! mais, Gustave, à qui en as-tu ?

GUSTAVE.

A personne, mon cher... C'est un petit paltoquet qui veut entrer dans ma loge !

JACQUET.

Un paltoquet, moi !.. un palto... Ah ! vous croyez que j'ai peur de vous ! Minute !.. j'y entrerai !..

PIERRE.

Juste !.. Voici l'officier de paix !..

GUSTAVE.

Ah ! Monsieur... voulez-vous avoir la bonté de mettre ce drôle à la porte ?..

JACQUET.

A la porte, moi ! Permettez... Je suis conscrit... je suis soldat !..

ANATOLE.

Il trouble l'ordre !

GUSTAVE.

Depuis une heure, il fait un tapage !
(L'Officier de paix prend Jacquet au collet et l'entraîne.)

JACQUET.

Mais, M. le Commissaire... M. l'Officier de paix... je vous jure... (L'Officier de paix l'entraîne.) Bon!.. vous me déchirez!.. Mais... Ah! qui va!.. tenez, j'en ai encore les yeux gros c'est indigne!..

Mme LABRICHE, à l'Officier de paix.

Ah! Monsieur, ne lui faites pas de mal, je le connais...

JACQUET, s'esquivant.

Fanny, tu me paieras ça!
(L'Officier de paix va à sa poursuite.)

FANNY, paraissant à la lucarne de la loge.

Qu'est-ce qu'il y a donc?.. Est-ce que ces demoiselles ne viennent pas?..

GUSTAVE.

Vos amies... Je vais tâcher de les retrouver, et en même temps je commanderai votre glace... (A Mme Labriche.) qu'on apportera.

ANATOLE.

Tu la quittes?

GUSTAVE.

Pas moyen de la calmer... Elle veut que je cherche ses compagnes, ses amies...

ANATOLE.

Mais, ce jeune homme... explique-moi donc...

GUSTAVE.

Ah! oui, viens-tu?.. Une aventure délicieuse... Le futur de la petite... Je vais te conter ça... (A Mme Labriche.) Ah! citoyenne, n'ouvrez cette loge à personne... Vous m'en répondez sur... sur votre tête!

ANATOLE, riant.

Belle garantie, ma foi!
(Ils sortent en ricanant.)

Mme LABRICHE, les suivant.

Soyez tranquille, mon officier!

SCÈNE XI.
Mme LABRICHE, PIERRE.

Mme LABRICHE.

Ce petit Jacquet... Une belle dame comme ça!.. Il n'a pas le sens commun!

PIERRE, entrant.

C'est un scélérat!.. c'est un brigand!..

Mme LABRICHE.

Hein? Est-ce qu'on va lui faire du mal?

PIERRE.

Comment!.. Mais il mérite d'être pendu!.. au moins!..

Mme LABRICHE.

Allons donc, pour une bêtise pareille!

PIERRE.

Une bêtise!.. Ah! bien, oui!.. un homme que sa femme croit mort... et qui revient tout exprès pour lui faire des traits!..

Mme LABRICHE.

Jacquet?..

PIERRE.

Qui ça, Jacquet?..

Mme LABRICHE, criant.

Mais, de quoi parlez-vous donc?

PIERRE, de même.

Mais de ce scélérat de la pièce nouvelle!..

Mme LABRICHE.

Mais je croyais que c'était de Jacquet... du conscrit...

PIERRE.

Ah! bien oui!.. c'est du mélodrame!.. qui va, comme des œufs de dinde, d'avoir pleuré.

Mme LABRICHE.

Je vous crois!.. Dieu!.. Mlle Lévêque, fait-elle répandre des larmes, cette créature-là!

PIERRE.

Ah oui!.. ah oui!.. pauvre femme! quelle position déchirante... se voir comme ça entre deux maris sur les bras!..

Mme LABRICHE.

M. Pierre, ça dépend des manières de voir... moi je crois qu'il vaut mieux en avoir deux... que pas du tout!..

PIERRE.

Possible!.. c'est une idée de femme... ah!.. v'là que ça recommence... je retourne à l'orchestre.
(Il se sauve à l'orchestre. — On entend crier au dehors : Orgeat, limonade et de la bierre.)

SCÈNE XII.
Mme LABRICHE, JACQUET, en garçon limonadier comme celui du commencement.

UNE TÊTE, à la lucarne d'une loge.

Ouvreuse! le journal du soir!

Mme LABRICHE.

Tout de suite, on y va.

JACQUET, entrant.

Orgeat, limonade et de la bierre! (Il pose son plateau sur un tabouret.) Voilà la glace demandée au 13. (Il frappe à la baignoire.)

SCÈNE XIII.
JACQUET, FANNY.

FANNY, poussant un cri.

Ah!..

JACQUET.

Quoi!

FANNY.

C'est!..

JACQUET.

C'est?..

FANNY.

Jacquet!..

JACQUET.

Oui, Jacquet!.. oui, Jacquet!.. oui, Jacquet.

FANNY.

Comme ça se trouve, je pensais à vous!.. ah! mon Dieu vous me faites peur!

JACQUET.

Perfide!.. ingrate... ah! je vous en donnerai moi des loges grillées et des amoureux, des capitaines de hussards ou autres corps!

FANNY.

M. Jacquet!.. c'est indigne!.. me suspecter!.. m'outrager!..

JACQUET.

En voilà une sévère!..

FANNY.

Je ne vous le pardonnerai jamais!..

JACQUET.

Ah bien!.. ah bien!.. excusez!.. j'en tombe de plus haut que moi, moi, qui vous aime comme trois cent mille hommes... civilement parlant.

FANNY.
Mais moi aussi !

JACQUET, continuant.
Je vous trouve en tête-à-tête avec une paire d'épaulettes... et vous ne me le pardonnerez jamais... à moi ! à moi !.. ah ! Fanny !.. merci.

FANNY, pleurant presque.
C'est vrai, enfin ! plutôt d'être bien aise de me voir, il me fait une scène...

JACQUET.
Eh bien ! oui... une scène !.. c'est du local !.. et d'abord, Mamzelle, est-ce bien à vous de venir en catimini... dans une loge... avec un grand diable d'officier ?.. un homme très dangereux.

FANNY.
Vous croyez !

JACQUET.
Eh bien ! s'il est à l'Ambigu, ce soir, avec vous... c'est peut-être pour le roi de Prusse...

FANNY.
Je ne dis pas, M. Jacquet... au premier abord, ça peut vous paraître suspect... mais si vous saviez les raisons, je ne venais pas seule... oh non !.. voyez-vous... mais ces demoiselles, se sont égarées.

JACQUET.
Quelles demoiselles ?..

FANNY.
Eh bien ces demoiselles du magasin... nous avons toutes dîné ensemble !..

JACQUET.
Avec l'officier ?..

FANNY.
Puisque c'est lui qui nous a invitées toutes !.. tout le magasin, c'était un repas de corps... à cause d'une commande...

JACQUET.
Allez toujours... allez toujours !.. en voilà des couleuvres !

FANNY.
Dame ! quelqu'un qui vous invite bien poliment... est-ce que ça se refuse, quand on est honnête ?.. il faut bien faire comme les autres !.. et puis, moi !.. la dernière venue... qu'est-ce qu'on aurait dit ?..

JACQUET.
Excusez !.. comme ça, vous avez dîné avec lui !.. avec le grand... et un bon dîner ?..

FANNY.
Mais oui !.. des huitres, de l'homard, (Pleurant plus fort.) Et du vin de Champagne !..

JACQUET.
Du vin de Champagne !..

Air

Je comprends tout... et j'en apprends de belles !
Sortez donc sage, après ce dîner-là !..
Et l'Ambigu !..

FANNY..
Ce sont ces demoiselles
Qui demandaient la soirée où nous voilà,
Disant que puisqu'on annonce en ménage
Un' femm' à qui deux hommes sont unis...
Ell's voulaient voir, avant leur mariage,
Comment un' femm' peut avoir deux maris,

JACQUET.
Et vous entendez ça, vous !.. et vous venez aussi !.. pour l'être au naturel, vous, la femme aux deux maris !..

FANNY.
Comment ! et c'est à moi que vous dites des choses pareilles, à moi !.. vous êtes un méchant ! un jaloux !..

JACQUET.
Il n'y a pas de quoi !..

FANNY.
Qu'est-ce que vous êtes donc vous ?.. l'homme à trois visages !..

JACQUET.
Fanny !..

FANNY.
Laissez-moi !..

JACQUET.
Fanny !.. dimanche encore, pas plus loin, vous m'aimiez, je t'aimais... vous savez comme j'étais gentil... tendre et complaisant !.. hein ? hein ? t'en souviens-tu, Fanny ?.. et je devais vous épouser... pas pour rire !.. (S'attendrissant.) Et j'étais heureux de ne pas être tombé... pour être à toi... toujours... à perpétuité... et voilà que un autre... un... (Sanglottant.) Ah ! mamzelle !.. ah ! dis... pourquoi que vous êtes changée comme ça ?

FANNY.
Mais non... puisque je vous aime toujours, ingrat !.. puisque je refusais d'écouter ces demoiselles qui ce matin encore me disaient... mais, Fanny, cet amour-là où ça peut-il vous mener ?

JACQUET.
Où ! où !.. mais au mariage !.. je vous épouserais d'emblée !

FANNY.
Pour ça, il faut être quelque chose !

JACQUET.
Je suis un homme !..

FANNY.
Un ouvrier armurier... un conscrit... ça n'est pas un sort... comme elle disaient... au lieu qu'un capitaine d'état-major... qui promet de vous épouser...

JACQUET.
Là vous voyez bien !.. votre officier...

FANNY.
Je ne l'écoutais pas... mais enfin... il promettait...

JACQUET.
Air du Colonel.

Un officier à graine d'or !

FANNY.
Pourquoi pas ! aujourd'hui, l'on cite,
Des filles comm' moi... moins encor...
Qui deviennent grandes dames très vite..
Des général's !..

JACQUET.
En pareil cas,
C'est trop risquer... on compte celles
Qui d'vienn'nt grand's dam's... mais on n' compte
Celles-là qui restent demoiselles ! (pas

Aussi, je ne vous quitte plus, voyez-vous !

FANNY.
Si fait... Monsieur, si fait... ces demoiselles vont venir me prendre...
JACQUET.
Raison de plus !.. avec leurs conseils !.. je reste !..
FANNY.
C'est comme ça que vous avez confiance ?
JACQUET.
Non, non, je ne vous quitte pas !
UNE TÊTE, à une lucarne.
Silence donc, dans le corridor !..
JACQUET, imitant la voix.
Passez votre chemin... on ne peut rien vous faire !..
FANNY.
A demain, mon petit Jacquet !
JACQUET.
Je vous suis !..
UNE AUTRE TÊTE, à une lucarne.
Mais est-ce qu'on fait un bruit pareil, pendant la pièce !..
JACQUET.
C'est entendu, joufflu !..
FANNY, rentrant dans sa loge.
Allez-vous-en... on va se fâcher !..
JACQUET, la suivant.
Je ne m'en irai pas... (Tirant la porte qu'elle tient.) J'entrerai !.. malgré vous !.. je veux entrer !.. (Il force la porte.)
PLUSIEURS VOIX, criant.
A la porte !.. à la porte ! à la porte !..
FANNY, dans la loge.
Mais on va vous mettre dehors !..
JACQUET, entrant.
Et moi je me mets dedans !
(Il ferme la porte avec fracas.)

SCÈNE XIV.

LES MÊMES, Mme LABRICHE, PIERRE, GUSTAVE, ANATOLE, M. CHIPMANN, SPECTATEURS, sortant de tous les côtés.

Mme LABRICHE.
Ah ! mon Dieu quel bruit ! quel tapage !..
GUSTAVE.
Enfin, nous voilà de retour !..
ANATOLE, à l'ouvreuse.
Ouvreuse, la pièce est avancée ?
Mme LABRICHE.
Elle va finir, citoyen !
GUSTAVE, à l'ouvreuse.
Vite, vite, ouvrez-moi !.. vous n'avez laissé entrer personne !..
Mme LABRICHE.
Personne, mon officier !.. ah Dieu ! loge louée... loge sacrée !
GUSTAVE.
Bien ! bien !.. (A Anatole.) Attends-moi, nous partirons ensemble... (Regardant la loge que Mme Labriche va ouvrir.) Cette pauvre colombe doit s'impatienter.
Mme LABRICHE, ouvrant.
Voilà... Ah ! miséricorde !..
(On aperçoit Jacquet dans la loge, aux genoux de Fanny.)

JACQUET.
Fermez la porte, ouvreuse, vous me troublez !
ANATOLE, éclatant de rire.
Ha ! ha ! ha !.. délicieux !
GUSTAVE.
Qu'est-ce que c'est !.. ce drôle, dans ma loge !..
Mme LABRICHE.
Il faut donc qu'il soit entré par le trou de la serrure !
JACQUET.
Fermez la porte ! (Il s'avance.)
GUSTAVE, le prenant par une oreille.
Mais sortiras-tu !..
ANATOLE, riant toujours.
Un rival ! ah ! ah ! ah !
JACQUET.
Laissez-moi ; officier... laissez-moi... avec votre ci-devant baronne !.. elle est gentille, votre baronne !.. elle fait des surjets, des ourlets, et des taits !..
Mme LABRICHE.
Veux-tu te taire !..
FANNY, sortant de la loge.
Ah ! ne lui faites pas de mal !.. je vous en prie !..
ANATOLE, à Gustave.
Oh ! jolie ! jolie !
GUSTAVE.
N'est-ce pas ?.. (A Jacquet.) Va-t'en, ou je te fais arrêter !
JACQUET.
Oh ! je n'ai pas peur !..
FANNY.
Un pareil scandale !.. c'est indigne... laissez-moi ! je ne vous aime plus !..
JACQUET.
Ah ! c'est comme ça !.. elle ne m'aime plus !.. vous ne... eh bien !...
DES VOIX, de tous les côtés.
Taisez-vous !.. mais taisez-vous donc !..
ANDRÉ, arrivant avec Chipmann.
Ah !.. la pièce est finie !
Mme LABRICHE.
Ah ! le beau mélodrame.
(On entend les applaudissemens.)
JACQUET, avec exaltation.
Oui ! le mélodrame !.. à bas la *Femme à deux Maris* !.. (A Gustave.) Oui, oui, à deux maris !.. la farce est jouée là-bas, mais ici !..
GUSTAVE, prenant un tabouret.
Mais donnez-moi donc ce tabouret !..
(Il veut repousser Jacquet, qui se défend avec une chaise.)
FANNY, poussant un cri.
Ah ! je me trouve mal !..
GUSTAVE, la soutenant.
Allons, bien !.. une femme sur les bras !..
JACQUET.
O ciel ! Fanny !
GUSTAVE.
N'approche pas !
ANATOLE.
Eh ! vite un flacon !..
ON CRIE, dans la salle.
L'auteur ! l'auteur ! l'auteur !

VOIX, aux lucarnes et à l'orchestre.

A la porte! le tapageur!.. à la porte!..

JACQUET, criant et frappant du pied.

Oui, à la porte, le tapageur, l'officier, à la porte! (Aux conscrits qui rentrent.) A moi, les amis! Adieu!.. adieu, femme à deux maris... fille à deux amans!.. tu me regretteras... mais il ne sera plus temps... il n'y aura plus de Jacquet... je serai soldat... je serai tué... je serai... (A un conscrit.) Lambert, reste auprès de ta femme... je pars à ta place. (Foulant son chapeau aux pieds.) Tiens! tiens! tiens!.. ohé! ce n° 459!.. je n'en veux plus!.. adieu, l'officier, adieu, la baronne. (Il court à des conscrits qui entrent, et prend un autre chapeau.)

DANS LA SALLE, et de tous côtés.

A la porte! à la porte!.. silence!..

LES CONSCRITS.

Viens!.. viens!.. suis-nous!..

Mme LABRICHE.

On va l'arrêter!..

ANATOLE.

Emmenez-le!..

JACQUET.

Non! non! laissez-moi!..

FANNY, faisant un mouvement vers lui.

Ah!..

JACQUET, entraîné par les conscrits.

Fanny!.. Fanny!..

CRIS, dans la salle.

L'auteur! l'auteur!..

(Le rideau tombe.)

FIN DU PREMIER ACTE.

ACTE II.

DISTRIBUTION :

LE COMTE DE MARCILLY...	M. TISSERANT.
JACQUET, régisseur-général du château du Comte........................	M. BOUFFÉ.
EDOUARD, jeune ingénieur...	M. DESCHAMPS.
JEAN-BAPTISTE, jardinier...	M. SYLVESTRE.
Mlle BLUM, gouvernante...	Mme WSANNAZ.
Mlle CÉCILE, pupille du comte de Marcilly...................................	Mlle FIGEAC.
CONSCRITS.	

La scène se passe au château du comte de Marcilly, en 1841.

Le théâtre représente un site du parc du Comte. — On va par la droite au château. — A gauche, un pavillon, qu'on entrevoit à peine; des fleurs, des vases.

SCÈNE I.

VICTOR, seul.

(Au lever du rideau, Victor, en chasseur, le fusil sur l'épaule, entre doucement, regarde autour de lui, s'approche d'un vase qui est sur le premier plan à droite, regarde encore, prend dans le vase un billet qu'il baise, en tire un de sa poche qu'il jette dans ce même vase; ensuite il gagne le fond, et, au moment de disparaître, il tire un coup de fusil et sort par le fond.)

SCÈNE II.

CÉCILE, JEAN-BAPTISTE, Mlle BLUM.

(Cécile et Mlle Blum viennent du pavillon à gauche, et Jean-Baptiste, de la droite.)

CÉCILE, entrant seule.

N'ayez pas peur, ma bonne amie, ne vous dérangez pas!.. c'est un chasseur. (Regardant autour d'elle, elle court vers le vase. Jean-Baptiste entre. Elle s'arrête.) Ah!..

JEAN-BAPTISTE, entrant vivement, des rubans à son chapeau.

Ça doit être un scélérat!

Mlle BLUM.

Qu'est-ce qui a tiré?.. Ah! Jean-Baptiste!..

JEAN-BAPTISTE.

Je n'ai vu personne.

CÉCILE.

Ni moi non plus.

JEAN-BAPTISTE.

Je ne sais pas si ces demoiselles l'ont remarqué, mais c'est le troisième jour qu'à la même heure, on vient tirer au même endroit... en face du pavillon.

CÉCILE.

Vous croyez?

Mlle BLUM.

C'est vrai! qui est-ce qui peut se permettre, dans le parc de M. le Comte... si près du château?..

JEAN-BAPTISTE.

Qui?.. Ils se gênent bien, ma foi... un braconnier...

CÉCILE.

Un braconnier... Oui... oui... c'est possible... et même, tenez, je crois entendre... (A Jean-Baptiste.) Regardez donc un peu... là... à gauche... M. Jean-Baptiste.

(Jean-Baptiste court regarder à gauche.)

Mlle BLUM.

Vous dites?..

CÉCILE.

Ou à droite... par là, voyez. (Mlle Blum va regarder à droite; Cécile court vers le vase, y plonge

vement la main et en retire un billet.) Ah! c'é-
tait lui!.. J'en étais bien sûre!..
Mlle BLUM, se retournant.
Mais je ne vois rien!
CÉCILE.
Vrai?.. C'est singulier!
JEAN-BAPTISTE.
Tiens! voilà M. le Régisseur du château, le
père Jacquet.
CÉCILE.
Là! vous voyez!..
Mlle BLUM.
M. Jacquet. (A part.) Mon cœur me le disait!

SCÈNE III.

LES MÊMES, JACQUET, en vieux garde-chasse, le carnier sur le dos, le fusil sur l'épaule ; il tient trois harengs suspendus à une ficelle.

JACQUET, chantant en dehors.
Les vieux, les vieux,
Sont les gens heureux...
Quand ils sont joyeux...
Vivent les vieux!
Entrant.) Civilement parlant... eh!.. eh!...
Mlle Blum! je l'aurais parié. (A part.) Mon cœur
ne le disait.
Mlle BLUM.
Vous nous avez fait bien peur, M. Jacquet.
CÉCILE.
Oh! oui, bien peur!
JACQUET.
Moi, Mam'selle! (A Mlle Blum.) Ce n'était pas
mon intention, au contraire!
JEAN-BAPTISTE.
Pardine! vous venez tirer...
(Apercevant les trois harengs, il s'arrête.)
JACQUET.
J'ai tiré, moi!..
Mlle BLUM.
Vous avez vu du gibier?..
JACQUET.
Une volée de perdrix que j'ai couchées en
joue... En revenant de faire ma tournée dans
nos bois... Levé depuis cinq heures... j'ai passé
sous vos fenêtres, au petit jour. Ah!..
JEAN-BAPTISTE, montrant les harengs.
Dites donc, est-ce que c'est là le gibier que
vous avez tué?
JACQUET, les élevant.
Ça, conscrit... c'est mon déjeuner!
JEAN-BAPTISTE.
Un chasseur avec des harengs à la main! En
voilà, une bonne farce!
JACQUET.
Qu'est-ce que c'est?.. Est-ce qu'un chasseur
ne peut pas aimer le poisson tout comme un
autre particulier? J'adore la matelotte.
Mlle BLUM.
Et moi aussi.
JACQUET.
Ah! comme ça se trouve!.. (Se posant avec
galanterie.) Si j'osais vous en faire hommage...
(En ce moment, Cécile, qui a tiré la lettre de son
sein, sort doucement par la gauche, pendant que
la scène continue.)

Mlle BLUM.
Merci, M. Jacquet... cela m'altère trop.
JACQUET.
C'est ce qui en fait le charme.
JEAN-BAPTISTE.
Est-ce que vous en aviez mangé hier au soir,
que vous étiez pochard?..
JACQUET.
Va donc, jeune farceur, va donc avec tes ru-
bans à ton chapeau! Tes camarades t'attendent
sur la place de l'église... ils sont quatre... c'est
le contingent du village.
JEAN-BAPTISTE.
Ah bien! oui, mes camarades.
Mlle BLUM.
En effet, vous êtes conscrit, M. Jean-Bap-
tiste.
JEAN-BAPTISTE.
N° 5.
JACQUET.
Et il en faut 92 dans la commune!.. Il a des
chances... (Le montrant aux jambes.) Après ça,
vous me direz qu'il peut être exempté pour vice
de forme...
JEAN-BAPTISTE.
Dame! si ça pouvait me servir!
JACQUET.
Dieu de Dieu! que je voudrais être à sa
place... comme autrefois, quand j'étais conscrit
en l'an VIII, il y a plus de quarante ans de ça!
Que j'étais beau, alors! mais, dame!.. à pré-
sent...
Mlle BLUM.
On ne vous donnerait pas votre âge.
JACQUET, se redressant avec fatuité.
Mademoiselle!.. (A part.) Comme ça se
trouve!.. j'ai fait ma barbe...
Mlle BLUM.
Non, vraiment, vous êtes bien conservé.
JACQUET.
Mais oui! (A part.) Si nous étions seuls, je
l'embrasserais, civilement...
JEAN-BAPTISTE, l'interrompant.
Est-ce que notre maître, M. le comte de
Marcilly est plus vieux que vous?..
JACQUET.
J'aime à le croire.
Mlle BLUM.
Vous l'avez connu jeune?..
JACQUET.
Au contraire, il était déjà un peu déjeté par
les ans... c'est-à-dire, ceci est une anecdote
que je puis vous conter... voici ce que c'est :
J'ai long-temps parcouru le monde, pied
d'armes et le sac sur le dos, grillé en Espagne...
gelé en Russie... blessé partout... enfin, en
1814, à la bataille de Montereau, une glo-
rieuse!.. Nous venions de dire un mot aux
Prussiens, lorque, tout-à-coup, au milieu des
coups de sabre... je vois, pas loin de moi, un
officier à graine d'épinard qui descend la garde...
tombé de cheval... un homme défunt, quoi!..
Je m'approche pour lui porter secours... Il avait
la figure couverte de poussière et de sang...
mais il respirait encore... Portez-moi à l'ambulance, qu'il disait d'une voix éteinte!.. Ma foi,
je n'en fais ni une, ni deux, je le charge sur
mes épaules...

Mlle BLUM.

Vous !..

JACQUET.

Oui... je n'ai pas l'air comme ça... mais je suis tout nerfs. Monsieur, je le croyais mort en route... il ne bougeait plus !.. mais je le portais toujours, pour sa satisfaction personnelle !.. En approchant de l'ambulance, je rencontre l'Empereur, dit le petit caporal ; que j'ai beaucoup connu. Qu'est-ce que tu emportes là, qu'il me fait l'honneur... A cette voix, v'là mon mort qui revient... et qui retombe sur ses deux jambes... Il les ressuscitait comme ça, l'ancien... Sire, lui dit mon officier à graine d'épinard, il y a quatorze ans que vous m'avez souhaité une balafre à travers le visage ; êtes-vous content ? Bien, Général, lui répond l'Empereur.. dit le petit caporal, que j'ai beaucoup connu. Général ! Ah ! Sire, réplique mon défunt, qui se portait bien ; il paraît que c'était un nouveau grade qui lui tombait du ciel ! Général, excusez !

JEAN-BAPTISTE.

Et vous, qu'est-ce qu'il vous a dit, l'Empereur ?

JACQUET.

Ce qu'il m'a dit ? Ah ! je ne l'oublierai jamais. Il m'a dit : Retourne à ton poste. Monsieur, cet homme avait une manière de vous dire les choses... Je vivrais cent vingt-sept ans, que je n'oublierais jamais ce... retourne à ton poste ! J'étais électrisé... et, le soir, j'avais une balle dans le bras !

Mlle BLUM.

Ah !..

JACQUET.

C'était la dixième depuis l'an VIII.

Mlle BLUM.

Et le Général ?

JACQUET.

Ni vu, ni connu... Je ne savais pas son nom... il ne savait pas le mien... et, après ça, les événemens, les révolutions, le diable !.. Lorsqu'il y a huit ans, en 1833... écoutez ceci... j'étais chez M. le prince de Wagram... le jeune... un jour... au milieu d'une partie de chasse... que je dirigeais en personne... voilà qu'à une halte, M. le comte de Marcilly se met à raconter comme quoi, à Montereau, un soldat l'avait sauvé sur ses épaules... à moitié mort... J'écoutais... je regardais... j'étais en nage... les yeux me sortaient de la tête... c'était mon homme... mon officier à graine d'épinard ! Oh ! alors, je n'y tiens plus... je m'approche vivement... et lui coupant la parole, pas plus gêné... Général !.. Général !.. que je lui dis, ce soldat... et je lui achève son histoire... jusqu'aux mots de l'Empereur : Bien, Général !.. et l'autre : Retourne à ton poste !.. Quoi ! s'écrie M. de Marcilly, tremblant, ce soldat, c'était... moi, mon Général ! Toi ! Moi ! Eh ! viens donc, mon brave !.. Et il me tendait les bras, et je m'y jette !.. et nous pleurions, et tout le monde pleurait... que c'était bête !.. tenez ! (A Jean-Baptiste qui pleure.) comme Jean-Baptiste !.. il ne voulut plus me laisser éloigner de lui toute la journée... et il me serrait la main... et, le soir, à table, il dit au Prince : Jacquet est à moi !.. je ne vous le laisse pas ! je l'emmène ! il ne me quittera plus !.. Le Prince, ça lui était bien égal ! Le lendemain, je fis mon paquet, ce qui ne fut pas long... et je partis en calèche... rien que ça... et voilà comme je suis devenu le régisseur-général de M. le Comte !

Mlle BLUM, émue.

Ah ! c'est bien, M. Jacquet !

JEAN-BAPTISTE, s'essuyant les yeux.

Ah ! oui...

JACQUET.

Et il en avait besoin, M. le Comte !.. Où en serait-il, mon Dieu ! si je n'étais pas là pour diriger, surveiller, gouverner ? Pauvre cher homme ! ça n'entend rien aux affaires... Je le gronde quelquefois... Aussi, comme tout marche, grace à moi !

JEAN-BAPTISTE.

Et il n'a rien fait de plus pour vous ?..

JACQUET.

Et qu'est-ce que tu veux donc qu'il fasse de plus, ambitieux que tu es !.. Douze cents francs par an, nourri, habillé, et du tabac à discrétion !.. mais c'est une existence princière. (A part.) Par malheur, je ne suis pas seul.

Mlle BLUM.

Vous dites ?..

JACQUET.

Air : de l'Écu de 6 francs.

Ma gaîté, voilà ma fortune ;
J' bois sec à mes quatre repas...
On m' salue, et, dans la commune,
J' fais marcher les enfans au pas.
L' métier d' soldat était plus rude...
La poudr' que j' gardais aux enn'mis,
J' envoie aux lapins, aux perdrix,
Pour n'en pas perdre l'habitude !

JEAN-BAPTISTE.

Tiens ! mais M. le Comte n'est pas marié !.. il n'a pas d'enfans !.. Ainsi...

Mlle BLUM.

C'est un tort... on doit se donner une famille quand on est riche.

JACQUET, la regardant tendrement.

Et même quand on ne l'est pas !.. L'amour est de tout âge !..

JEAN-BAPTISTE, le regardant.

Tiens ! tiens ! tiens !

Mlle BLUM.

A qui le dites-vous ?.. (Se reprenant.) Mais c'est égal, M. de Marcilly vous fera un cadeau... il vous doit bien cela... le jour de la cérémonie...

JACQUET.

Quelle cérémonie !..

Mlle BLUM.

Comment !.. vous ne savez pas ?.. il ne vous a pas dit ?.. Alors, c'est un secret...

JACQUET.

Il n'en a pas pour moi... et vous me direz !..

JEAN-BAPTISTE.

J'écoute !..

Mlle BLUM.

Non... non... c'est impossible !..

(Jean-Baptiste remonte.)

JACQUET, la pressant.

Ah ! Mlle Blum... vous me refusez !.. si vous me demandiez quelque chose à moi... je...

(Le Comte paraît, Jacquet et Mlle Blum se séparent vivement.)

SCÈNE IV.

Les Mêmes, LE COMTE DE MARCILLY, mis avec recherche, une longue cicatrice à la figure.

LE COMTE.
Eh bien!.. Mlle Blum.

JACQUET.
M. de Marcilly!.. M. le Comte. (A part.) Je ne peux jamais finir ma phrase avec elle!
(Mlle Blum est toute confuse.)

LE COMTE.
Est ce que tu fais le siége de Mlle Blum! vieille pipe?..

JEAN-BAPTISTE, à part.
Oh! il appelle Mlle Blum, vieille pipe.

JACQUET.
Dame! je demandais à Mademoiselle... et puis... parce que... bah!.. (A part) Je dois avoir l'air comme Jean-Baptiste.

LE COMTE, à Mlle Blum.
C'est bien! c'est bien! Mlle Cécile n'est pas avec vous?..

Mlle BLUM.
Pardon!.. elle vient de rentrer dans notre pavillon... j'allais la conduire au château.
(Elle fait un mouvement pour sortir.)

LE COMTE.
Restez!.. (Apercevant Jean-Baptiste.) Ah! ah! tu es conscrit, toi?..

JEAN-BAPTISTE.
N° 5.

LE COMTE.
J'ai entendu le tambour toute la matinée... Gaillards! vous faites déjà du bruit dans le monde... Jacquet, s'ils viennent par ici, tu leur feras donner du vin.

JACQUET.
Du vin... soyez tranquille je ferai ma tournée dans vos caves... (A Jean-Baptiste.) Justement je dois vous donner une leçon d'exercice.

LE COMTE.
Comment l'entends-tu?

JACQUET.
Plaît-il? comment je... ah! oui... ah! oui...

LE COMTE.
Mlle Blum. (Revenant à Jacquet.) Ah! j'oubliais!.. et M. Victor... le jeune ingénieur du chemin de fer... ton protégé... je désire lui parler ce matin... envoi-le-moi, et surtout dis-lui d'être moins entêté.

JACQUET.
Tiens! vous ne l'êtes pas, vous!.. avec vos petites colères comme cent pièces de quarante-huit!..

LE COMTE.
Moi! c'est différent! mais lui...

JACQUET.
Lui! un brave jeune homme... son père n'était qu'un pauvre ébéniste, mon filleul... il est mort... il y a quatre ans de ça... c'était ma famille, je n'en ai pas d'autre... j'aime M. Victor comme si je l'avais... pauvre garçon! c'est si gentil, si bon, si rangé!.. il est orphelin, M. le Comte... l'aîné de cinq enfans... il a quatre sœurs, quatre... des amours! qu'il soutient, qu'il éduque, avec le peu d'argent qu'il gagne... il n'a que ça...

LE COMTE.
Raison de plus pour ne pas refuser d'en gagner.

JACQUET.
Ceci est juste, civilement parlant... mais je suis sûr qu'il ne refusera pas!..

LE COMTE.
Bah! tu crois que si on lui offrait...

JACQUET.
Tiens! il n'y a pas d'affront!..

LE COMTE, à part.
C'est bon à savoir. (A Jean-Baptiste.) Ah!.. conscrit!.. Jean-Baptiste... vas à la poste... il doit arriver pour moi, une corbeille... une caisse... que tu apporteras ici, dans ce pavillon, à Mlle Blum.

JEAN-BAPTISTE.
Oui, M. le Comte...

JACQUET, à part.
Un cadeau!.. pour elle... elle est cousue d'or cette femme-là!.. et puis des manières!.. vieille garde, tout-à-fait. (Jean-Baptiste sort.)

LE COMTE, se rapprochant de Mlle Blum et à demi-voix.
Cécile... elle ne sait rien... vous ne lui avez rien dit...

Mlle BLUM.
Rien, Monsieur le Comte.

LE COMTE.
Il faut que je lui parle... ici...

JACQUET.
Je crois qu'il lui glisse quelque chose.
(Il s'approche doucement.)

LE COMTE, continuant.
Il faut qu'elle sache enfin... (Se reprenant.) Qu'est-ce que tu fais là?..

JACQUET.
Pardon! c'est une commission que Mlle Blum m'a donnée... des livres que je lui apporte de la ville tous les matins.

Mlle BLUM, toussant et faisant des signes.
Hum! hum!..

LE COMTE.
Des livres...

Mlle BLUM, vivement.
Oui, oui... pour Mlle Cécile... des livres d'éducation... pour les jeunes filles...

JACQUET.
Indiana!..

LE COMTE.
Indiana?.. un roman!

JACQUET, tirant des livres de sa carnassière.
Moi je n'aime pas les livres... autrefois j'adorais les mélodrames!.. oh! Dieu! l'Ambigu!.. Voici.

LE COMTE, prenant les livres.
Permettez..... pour l'éducation..... c'est très bien... mais un roman...

Mlle BLUM.
Oh! par hasard!

JACQUET.
Le vingt-deuxième, depuis le commencement du mois... nous prenons aujourd'hui le quinze. (A part.) C'est étonnant la consommation de bouquins que fait cette créature aimable!..

LE COMTE, bas.
Je pense bien que Cécile...

Mlle BLUM.
Oh ! jamais...

JACQUET, bas, à Mlle Blum.
Il faut que je vous achève ma phrase et que...

Mlle BLUM, bas.
Maladroit !

JACQUET.
Hein ?

LE COMTE.
Plaît-il ?

Mlle BLUM.
J'y vais, M. le Comte, j'y vais !
(Elle sort.)

SCÈNE V.
LE COMTE, JACQUET.

LE COMTE.
Qu'est-ce que tu lui disais ?..

JACQUET.
Moi, rien... c'est vous qui lui parliez.

LE COMTE.
Moi... c'est possible.

JACQUET.
C'est sûr... un secret... il paraît.

LE COMTE.
Un secret... oui un grand secret...

JACQUET.
Pardine !.. je le vois bien !.. vous me le cachez à moi.

LE COMTE.
Tiens ! ça ne te regarde pas... il s'agit de mon bonheur.

JACQUET.
Et ça ne me regarde pas !.. merci.

LE COMTE.
Bon ! tu vas me gronder !

JACQUET.
Vous êtes un ingrat, voilà tout !.. Ça ne me regarde pas... mais vos affaires non plus ne me regardent pas... votre château non plus... votre santé non plus... et sans moi, ça irait joliment,..

LE COMTE, riant.
Nous y voilà !..

JACQUET.
Votre fortune !..

LE COMTE.
Commence par songer à la tienne... jamais le sou ! jamais d'économies !.. un dissipateur, un joueur, peut-être !.. (Mouvement de Jacquet.) Où va ton argent ?..

JACQUET.
Oh ! ça !.. c'est mon secret !.. mais vous, qu'est-ce que vous feriez sans moi ?..

LE COMTE.
Parbleu ! rien !.. je t'enverrai un de ces jours à la Chambre des Pairs... à ma place !

JACQUET.
Eh ! mais !.. oui, riez... moquez-vous !.. voilà ce que c'est que de se mettre au feu pour vous !.. tenez... je m'en irai !.. je vous abandonnerai, je m'en vas... adieu !..

LE COMTE, le retenant.
Reste donc, vieux fou !.. au fait... il faut bien que tu le saches... (Baissant la voix.) Je suis amoureux !..

JACQUET.
Vous ! tiens ! tiens ! tiens ! ça vous reprend.

LE COMTE.
Ça ne m'a jamais quitté !

JACQUET.
Ah ! vous êtes amoureux... excusez !.. (A part.) V'là la peur qui me galoppe !.. (Haut.) Et celle que vous aimez ?

LE COMTE, montrant le pavillon.
Par ici !..

JACQUET.
Ah bah ! c'est donc ça que tous les soirs en faisant ma tournée, le fusil sur l'épaule... avec le garde... je vous vois filer du côté du pavillon.

LE COMTE.
Je vais faire ma cour !..

JACQUET, à part.
Juste ! ce que je craignais ! j'ai toujours été malheureux.

LE COMTE.
Mais cette fois, en tout bien tout honneur... que veux-tu ?.. voilà que je suis... mûr.

JACQUET.
Mûr... (A part.) Il appelle ça être mûr !

LE COMTE.
Je suis riche... j'ai un titre... une grande fortune... et personne à qui laisser tout cela... pas d'héritier.

JACQUET.
Et vous espérez en avoir un.

LE COMTE.
Tiens ! pourquoi pas ?..

JACQUET.
Laissez-moi donc tranquille.

LE COMTE.
Qu'est-ce que tu dis ?

JACQUET.
Je dis... je dis... pourquoi que vous ne vous y êtes pas pris plutôt ?

LE COMTE.
Ah dame !.. j'étais un mauvais sujet, vois-tu...

JACQUET.
Vous ? ça ne paraît plus.

LE COMTE.
Je craignais les embarras, la famille... un soldat, tu comprends... on ne se soucie pas de laisser après soi... d'autant plus que j'étais sans fortune... et puis la vie de garçon m'était si douce !.. les ménages des autres c'était gentil... c'était commode... il me semblait que ça devait durer toujours !..

JACQUET.
Et parce que cela ne dure plus, vous prenez une femme qui ne vous convient peut-être pas,..

LE COMTE.
Hein !.. Si fait !

JACQUET
Mais, non !..

LE COMTE.
Mais, si !

JACQUET.
Vous marier !.. C'est une b... imprudence, civilement parlant !

LE COMTE.
Je n'entends rien à gouverner une maison,..

JACQUET.
Mais, me voilà !

LE COMTE.
A donner des ordres... commander à mes gens...
JACQUET.
Mais, me voilà !
LE COMTE.
Et puis il me faut une famille ! Je me la ferai !..
JACQUET.
On vous la fera.
LE COMTE.
C'est ce que nous verrons.
JACQUET.
Vous ne verrez rien du tout !.. Si vous croyez qu'on ira vous chercher... Écoutez donc, je surveille tout dans votre château... Mais il y a des choses !..
LE COMTE.
Je ne demande pas ton avis.
JACQUET.
Eh bien ! je vous le donne ! Pas plus gêné !
LE COMTE.
Ça ne te regarde pas...
JACQUET.
Si fait !.. là... parce que moi aussi je suis mûr...
LE COMTE.
Il appelle ça être mûr !..
JACQUET.
Et j'avais des idées...
LE COMTE, retenant un éclat de rire.
Toi !..
JACQUET.
Tiens ! pourquoi pas ?..
LE COMTE.
Pauvre vieux !.. Et tu es aimé ?..
JACQUET.
C'est possible... (A part.) Jeune homme...
LE COMTE.
Enfin, tu es sûr ?..
JACQUET.
De rien... Il y a huit jours que je suis en train de faire une déclaration, et on me coupe toujours la parole.
LE COMTE.
Ah ! ah ! ah ! il faut la finir !
JACQUET.
Ah bien ! oui, à présent que vous l'aimez...
LE COMTE.
Qui ?..
JACQUET.
Mlle Blum !..
LE COMTE.
Mlle Blum !..
JACQUET.
Si vous l'épousez ?..
LE COMTE, riant.
Ha ! ha ! ha !..
JACQUET.
Quoi donc ?.. Qu'est-ce que...
LE COMTE, riant plus fort.
Ha ! ha ! ha !
JACQUET.
Mais... (Cécile entre, un livre à la main.)
LE COMTE.
Va-t'en !
JACQUET.
Mais...

SCÈNE VI.
LES MÊMES, CÉCILE.

CÉCILE.
Ah, mon bon ami !
LE COMTE.
Ma chère enfant ! (A Jacquet.) Va-t'en et fais-moi venir M. Victor.
CÉCILE, embarrassée.
M. Victor !.. Ah ! M. Jacquet !..
JACQUET, revenant.
Mademoiselle.
CÉCILE.
Voici un livre... que Mlle Blum renvoie à M. Victor... Voulez-vous ?..
JACQUET.
Volontiers, Mademoiselle, du moment que ça peut faire plaisir à...
(Le Comte le regarde et se remet à rire.)
LE COMTE, prenant le livre.
Un livre ! Pardon !.. un roman, peut-être.
CÉCILE, à part, avec effroi.
Ciel !..
LE COMTE.
Racine... à la bonne heure !..
JACQUET.
Un bon ?
LE COMTE.
Un vieux !..
JACQUET.
Comme nous...
LE COMTE.
Allons, va-t'en... Porte à ton protégé... et ramène-le-moi !..
CÉCILE, à part, un peu rassurée.
Oh ! que j'ai eu peur !..
LE COMTE, à Jacquet, en éclatant de rire.
Mlle Blum ! ha ! ha ! ha !..
JACQUET.
Oui, riez ! (A part.) On me les a toutes soufflées, toutes, toutes depuis l'an 8. (Il sort.)

SCÈNE VII.
LE COMTE, CÉCILE.

CÉCILE, à part.
Il fait venir M. Victor ! Pourquoi donc ?
LE COMTE.
Maintenant que nous voilà seuls, à nous deux, ma chère Cécile... Toujours jolie !..
CÉCILE.
Dam !.. je tâche !.. Ça vous fait plaisir et à moi aussi... Mlle Blum m'a dit que vous vouliez me voir.
LE COMTE.
Je le veux toujours !.. Mais, ce matin, c'est plus important...
CÉCILE.
Parce que ?
LE COMTE.
Parce que... ce que j'ai à vous dire...
CÉCILE, le regardant.
Ah ! mon Dieu ! vous ne me tutoyez plus... Est-ce que vous êtes fâché ?
LE COMTE.
Au contraire... C'est que, vois-tu... il y a des circonstances... et puis,... d'ailleurs... je...

(A part.) Ah! diable! c'est plus difficile que je pensais...
CÉCILE, à part.
Que veut-il dire?
LE COMTE.
Ecoutez, (Se reprenant.) écoute-moi, Cécile. Ton père, mon vieil ami, mon plus cher camarade, n'avait que sa fille pour tout bien, pour toute fortune... et il me l'a léguée... Et tu sais, mon enfant, si je me suis empressé de faire honneur à la succession!
CÉCILE.
Je sais que vous avez été pour moi le meilleur des hommes!.. Aussi je vous aime de tout mon cœur!..
LE COMTE.
J'y compte bien.
CÉCILE.
Et ma reconnaissance vous répond de moi! Je l'ai promis à mon père!
LE COMTE.
D'abord... pour achever mon ouvrage, je t'ai fait venir près de moi, dans ce pavillon, où je t'ai confiée à Mlle Blum, une bonne et honnête personne... Mais cela ne peut durer ainsi... Il faut que je t'assure un sort, une position dans le monde... je veux te marier.
CÉCILE.
Je ne demande pas mieux... c'est-à-dire comme vous voudrez.
LE COMTE.
Tu as confiance en moi!..
CÉCILE.
Oh! je sais bien que vous ne pouvez que bien choisir.
LE COMTE.
J'ai choisi... et tout est prêt pour le mariage, qui se fera dans huit jours.
CÉCILE.
Oh! comme vous allez vite!.. Il n'y a pas de mal.
LE COMTE.
C'est que je n'ai pas le temps d'attendre.
CÉCILE.
Vous!
LE COMTE.
Puisque je me marie aussi...
CÉCILE.
Vrai?
LE COMTE.
Le même jour...
CÉCILE.
Ah! quel bonheur!
LE COMTE.
A la même heure!
CÉCILE.
Nous ferons les deux noces ensemble!
LE COMTE.
Si nous n'en faisions qu'une...
CÉCILE.
Comment?
LE COMTE.
Air :

Sans fortune, sans avenir,
Où trouver pour toi, dans le monde,
L'époux qui puisse te chérir,
Qui de ton bonheur me réponde?
Ton bonheur qu'on me fit jurer.
J'en doutais trop... Et moi, qui t'aime,
J'ai cru que, pour mieux l'assurer,
Il fallait m'en charger moi-même!

CÉCILE.
Ah! Monsieur!.. que dites-vous?
LE COMTE.
Que tu seras mon amie, ma compagne, ma femme!..
CÉCILE.
Ah!..
LE COMTE.
Ce vœu fut celui de ton père... Tu ne peux l'oublier...
CÉCILE, se jetant dans ses bras.
Ah! jamais!
JACQUET, en dehors.
Eh! venez donc!
LE COMTE.
Bien! bien!.. Silence!..
CÉCILE, essuyant ses larmes.
Oh! oui! oui!..

SCÈNE VIII.
LES MÊMES, VICTOR, JACQUET.

JACQUET, à Victor.
Il a peur, quand je vous dis! Ah! voilà, M. le Comte... ne vous impatientez pas!
(Victor reprend son sérieux.)
CÉCILE, à part.
Victor!
VICTOR.
Vous m'avez fait demander, Monsieur. (A part.) C'est elle!
LE COMTE.
Approchez, jeune homme, approchez donc... Est-ce que vous avez peur?
VICTOR.
Je n'ai jamais peur!
JACQUET.
C'est un jeune lapin, civilement parlant.
VICTOR.
Et aujourd'hui moins que jamais!..
(Il jette un regard sur Cécile.)
LE COMTE.
Et vous êtes plus gai qu'hier?
JACQUET.
Je crois bien... il paraît qu'il vient de recevoir une lettre qui lui a mis du baume dans le sang.
VICTOR.
Oh! oui, je suis heureux!
LE COMTE, jetant aussi un regard sur Cécile.
Et moi aussi!
JACQUET, regardant du côté du pavillon, en soupirant.
Et moi, non!
LE COMTE.
Alors, j'espère que nous allons nous entendre... Ce serait bien le diable, si deux hommes heureux n'étaient pas d'accord!..
VICTOR.
Oh! moi, je ne demande pas mieux... mais je n'ai qu'un moment à vous donner; j'attends ce matin mes sœurs,...

JACQUET.
Ses quatre! Il les fait venir dans ce pays qu'il ne veut plus quitter!.. Pauvre garçon!.. il me l'a promis... il nous restera.

VICTOR.
Oh! oui, je l'espère maintenant!..

LE COMTE.
Et moi, j'y compte. Nous serons bons amis... et, pour commencer, vous m'accordez ce que je vous demande; c'est convenu!

VICTOR.
Ce que vous me demandez?

LE COMTE.
Eh bien! ce rapport, dont vous êtes chargé, sur ce malencontreux chemin de fer qui devait traverser mon parc... mais qui ne le traversera pas.

VICTOR.
Oh! si fait!..

LE COMTE.
Oh! non!

VICTOR.
Il le faut!

LE COMTE, avec colère.
C'est ce que nous verrons!

CÉCILE.
Mon ami!

JACQUET.
Une dispute, pour commencer!.. c'est gentil!

LE COMTE.
Eh! non, entêté que vous êtes!.. mais ce service-là, si vous êtes galant, vous ne le refuserez pas à ma femme.

VICTOR, souriant.
A votre femme!

JACQUET, tristement.
Ah! il paraît que c'est décidé.

VICTOR.
Ce que Jacquet m'a dit est donc bien vrai!.. vous vous mariez, M. le Comte?..

LE COMTE.
Oui, Monsieur... et, pour vous rendre plus aimable, ma femme elle-même vous invitera à ma noce.

VICTOR.
Très volontiers!.. A charge de revanche.

JACQUET.
Oh! Mlle Blum!

LE COMTE, prenant Cécile par la main.
Allons, ma chère amie... faites votre invitation à M. Victor.

VICTOR.
Mademoiselle!..

JACQUET.
Ah bah!

VICTOR.
C'est Mlle Cécile... que...

LE COMTE.
Que j'épouse!.. sans doute!

JACQUET, se contenant à peine.
Mamzelle... mam... ce n'est pas... c'est... (Pouffant de rire.) Ah! ah! ah!

LE COMTE.
Qu'est-ce qu'il a à rire, lui?

JACQUET.
Rien, rien! Excusez... c'est que... (Riant plus fort.) Ah! ah! ah!

LE COMTE.
Mais té tairas-tu?

JACQUET.
Oui, oui... je me tais, je... moi, qui croyais...

CÉCILE.
Monsieur... je me joins à M. le Comte... J'espère...

JACQUET, éclatant plus fort.
Ah! ah! ah!

LE COMTE.
Mais veux-tu te taire?

CÉCILE.
Oh! j'en mourrai!..
(Elle sort lentement et laisse Victor immobile, tandis que Jacquet tombe sur un banc à force de rire.)

VICTOR.
Ah! Mademoiselle!

LE COMTE.
Si tu ris encore, je t'assomme!..

JACQUET.
Ah! bien... non!.. je ne ris plus... je... (Respirant à peine.) Ah! que c'est bête!.. Tenez... v'là que j'en pleure!

LE COMTE.
Imbécille!
(Il se retourne au moment où Cécile sort par la gauche.)

SCÈNE IX.

VICTOR, LE COMTE, JACQUET.

VICTOR, à part.
Ah! mon Dieu! lui!.. Oh! je le détestais déjà.

LE COMTE, s'approchant de Victor.
Eh bien! vous ne dites rien...

VICTOR.
Moi!.. Si fait... Je vous fais compliment, M. le Comte... surtout, si vous êtes aimé.

LE COMTE.
Eh! mon cher, ça vient toujours.

JACQUET.
Oh! (Le Comte le regarde; il reste muet.)

LE COMTE.
Quant à moi, je l'aime, voyez-vous!.. Rajeunie par elle, j'ai retrouvé toutes les illusions d'un autre âge... Je l'aime comme à vingt ans!..

JACQUET.
Oh! (Même jeu.)

LE COMTE.
Oui, comme à vingt ans!.. et, si quelqu'un me la disputait... je le sens là... je le tuerais!..

JACQUET.
Oh! (Même jeu.)

VICTOR, à part.
Ah! si ce n'était que cela!.. je voudrais lui chercher querelle!

JACQUET.
Je dis que c'est pour ça que vous veniez tous les soirs au pavillon... Et moi, qui croyais que... Enfin... tant mieux!..

LE COMTE.
Bavard! mais voyons, jeune homme, votre rapport...

VICTOR.
Il est fini... je l'envoie aux ponts-et-chaussées

LE COMTE.
A la bonne heure! Et vous y êtes plus raisonnable, aujourd'hui?
VICTOR.
Oh! mon Dieu! M. le Comte, aujourd'hui comme hier... j'ai fait mon devoir.
LE COMTE.
Votre devoir! votre devoir!
JACQUET.
Écoutez donc!.. si, son devoir!..
LE COMTE.
Tais-toi!
JACQUET.
Bon!
LE COMTE, à Victor.
C'est bien, je ne dis pas... mais je vous ai prouvé qu'il valait mieux épargner ma propriété...
VICTOR.
Et sacrifier la promenade du village!
LE COMTE.
C'est un service pour moi.
VICTOR.
Et une injustice pour les autres!..
JACQUET.
Ça, c'est vrai... c'est une injustice... car enfin...
LE COMTE.
Tais-toi! je ne te parle pas.
JACQUET.
Bon! allez toujours.
LE COMTE, à Victor.
Vous céderez!
VICTOR.
Jamais!
LE COMTE.
Je vous forcerai bien!
VICTOR.
Je ne vous crains pas!
JACQUET.
M. le Comte!
LE COMTE.
Eh! va-t'en au diable, toi!
(Victor est très agité. Le Comte se promène avec colère.)
JACQUET.
Merci, civilement parlant. (A part.) Il est têtu, le vieux... Mais le petit a de ça. (Le Comte s'arrête, regarde Victor et s'approche de lui.) Je ne veux pas de votre chemin de fer... (A part.) Ah! ce que me disait Jacquet... l'argument irrésistible... (Haut.) Vous changerez votre rapport...
VICTOR.
Je n'y changerai rien... heureusement pour vous.
LE COMTE.
Si fait... J'ai du crédit, de la fortune... vous êtes jeune, je vous protégerai... je vous récompenserai.
VICTOR.
Vous abusez de votre âge avec moi.
JACQUET.
Victor!
LE COMTE.
Insolent!
JACQUET.
Oui, ne dites pas...

ENSEMBLE.
Air de Schubry.
LE COMTE.
M'insulter! C'est affreux!
Sortez, c'est trop d'audace!
Ou l'on va, je le veux,
Vous chasser de ces lieux!

JACQUET.
Les voilà furieux!
Ah! calmez-vous, de grace!
Taisez-vous tous les deux,
Et sortez de ces lieux!

VICTOR.
Quand il a joint, grands dieux!
L'insulte à la menace,
Il ose, c'est affreux!
Me chasser de ces lieux!

Mlle BLUM et CÉCILE, sortant du pavillon et accourant.
Ah! quel bruit en ces lieux!
Qu'est-ce donc qui se passe?
Et pourquoi tous les deux
Sont-ils donc furieux?

(Le Comte entre dans le pavillon avec Cécile; Jacquet les conduit.)

SCÈNE X.
VICTOR, Mlle BLUM.

VICTOR.
Me chasser!.. ces vieux soldats... parce qu'ils sont ducs... parce qu'ils sont riches... parce que... ils se croient tout permis comme autrefois!
(Jacquet sort du pavillon.)
Mlle BLUM.
Ah! M. Jacquet!
VICTOR, sans la voir.
De l'argent, à moi!.. à moi!..

SCÈNE XI.
JACQUET, VICTOR, Mlle BLUM.

JACQUET, rentrant.
L'aile droite a quitté le champ de bataille!.. Ce n'est pas sans peine!
VICTOR, toujours hors de lui.
Mais je ne lui ai pas tout dit encore... et je veux...
JACQUET.
Allons bien! Voici l'aile gauche qui recommence! Mais êtes-vous fou!.. parler ainsi à un ancien... à M. le Comte...
VICTOR.
Eh! quand ce serait le diable!
JACQUET.
Ce n'est pas le diable! mais voyons, calmez vous!.. je vous le demande en grâce.
VICTOR, se débattant.
Laissez-moi!
Mlle BLUM.
Il me fait peur!..
JACQUET.
M. Victor!.. Victor!.. mon enfant!.. M. de Marcilly...

ACTE II, SCÈNE XI.

VICTOR.
Oh! M. de Marcilly m'a trop humilié! S'il vous offrait... que sais-je!.. de l'argent!..

JACQUET.
Je le prendrais!.. Cent francs par mois... je ne refuse jamais... Et puis, il me semble que vous n'y alliez pas mal... on dirait presque que vous lui en voulez.

VICTOR.
Si je lui en veux!.. Si je lui en veux!

Mlle BLUM.
Que vous a-t-il fait?

VICTOR.
Ce qu'il m'a fait... lui! il m'a tué!..

JACQUET.
Il vous a... Vous n'en êtes pas mort, à ce qu'il paraît!.. Mais ne poussez donc pas des soupirs comme ça... Ah!.. des larmes... bien... Oh! si vous voulez que je pleure aussi, vous n'avez qu'à dire... ça y est... (Il essuie une larme.)

Mlle BLUM, émue.
M. Jacquet!

VICTOR.
Mon ami, mon seul ami!.. adieu! je n'ai plus qu'à partir, à m'en aller!..

JACQUET.
Ah! bon! voilà encore une idée! partir, et pourquoi?.. Quand vous vouliez rester ici avec vos sœurs...

VICTOR.
Oh! non, je ne peux plus!.. j'y étouffe.

JACQUET.
L'air y est excellent... Oh! vous savez bien que je suis le vieil ami de votre famille!.. que je vous aime.

VICTOR.
Oh! oui, je sais tout ce que je vous dois... ce que vous faites encore pour mes pauvres sœurs... ce secret...

JACQUET.
Moi!.. rien...

VICTOR.
Oh! je sais...

JACQUET.
Alors, vous voyez bien que vous pouvez me dire... Pourquoi, voyons... Monsieur le Comte est vif, comme moi... Il part comme... mais il revient; c'est un bon homme, au fond.

VICTOR.
Lui! un tyran qui la force à l'épouser, j'en suis sûr!..

Mlle BLUM.
Que dit-il!..

JACQUET.
Épouser.... qui?... Mlle Cécile!... Qu'est-ce que ça vous fait?

VICTOR.
Mais si je l'aime!

JACQUET.
Vous!

Mlle BLUM.
Miséricorde!

VICTOR, l'apercevant.
Ciel! Mlle Blum!

JACQUET.
Pourquoi miséricorde?.. il est amoureux... Eh bien! il n'y a pas de mal, Mademoiselle... c'est gentil!.. il paraît qu'il y a quelque chose qui pousse à ça, cette année... Amoureux; nous le sommes tous : c'est le printemps!

Mlle BLUM.
Mais vous n'y pensez pas... Mlle Cécile...

VICTOR.
Vous voyez bien que je suis malheureux, qu'il faut que je parte.

JACQUET.
Eh! non... restez!.. vous l'aimez... enfin, quoi? Mlle Cécile, tout comme une autre... voyez-vous, il n'y a pas à dire, quand le feu est dans les poudres, il faut... il... dam! c'est naturel!

Mlle BLUM.
Je ne dis pas! mais M. Victor a raison... cet amour ne peut faire que son malheur... celui de Mlle Cécile...

VICTOR.
Ah! plutôt mourir!..

JACQUET.
Bien! tout à l'heure, on l'avait tué, à présent, il veut...

Mlle BLUM.
Les bienfaits de M. le Comte sont toute sa fortune... elle n'en a pas d'autre... il l'abandonnerait!.. car il l'aime avec passion... et si elle était ingrate... mais non, elle ne vous aime pas.

VICTOR.
Je crois que si!

JACQUET.
Ah! bah!

Mlle BLUM.
O ciel! c'est impossible!

JACQUET.
Mais il dit que si!..

Mlle BLUM.
Non, non! une jeune fille, à son âge...
(Elle continue de parler en même temps que Jacquet.)

JACQUET.
L'amour est de tout âge... et vous-même... vous... ah! pas moyen!..

Mlle BLUM.
Ce serait mal, très mal! M. de Marcilly ne lui pardonnerait pas... ni à moi non plus... car enfin elle était sous ma garde, et c'est ici, malgré ma surveillance...

VICTOR.
Oh! cela date de plus loin... je suis prêt à le déclarer, à le signer de mon sang, c'est près de Paris, dans cette maison où deux de mes sœurs furent élevées, quand j'y allais par hasard... elle était là...

JACQUET.
Par hasard aussi... c'est toujours comme ça... l'un attend, l'autre arrive... c'est l'hasard.

Mlle BLUM.
Vous avez raison, M. Victor... il faut partir... vous éloigner... cet amour ne peut vous mener à rien!..

JACQUET.
Oh! ça mène toujours à quelque chose.

VICTOR.
Oui, je partirai, je vous l'ai promis... puisque sa fortune, son bonheur... Oh! j'en mourrai!..

JACQUET.
Encore! c'est étonnant comme ça meurt souvent, les amoureux!

VICTOR.
Mais avant de m'éloigner... je la verrai une fois encore, une dernière fois!..

JACQUET.
C'est ça, pour faire vos adieux!..

Mlle BLUM.
Vous ne la verrez pas!

VICTOR.
Mademoiselle!

Mlle BLUM.
Je vous le demande pour elle, pour moi!..

JACQUET.
Mais!

Mlle BLUM.
Et mes principes!..

JACQUET.
Ah! c'est juste!.. la vieille garde! ça ne bronche pas.

VICTOR.
Mais du moins je lui écrirai pour lui recommander mes sœurs qui arrivent aujourd'hui.

Mlle BLUM.
Je m'en charge!..

JACQUET.
De la lettre!

Mlle BLUM.
Non, pas de lettre!.. je vous le défends... je la déchirerais plutôt!..

VICTOR, regardant le vase.
Oh! si fait! malgré vous... malgré tout le monde... elle saura que je pars... mais que je l'aimerai toujours!..

Mlle BLUM.
Je vous défends.

JACQUET, poussant Victor au fond.
Oui, oui, c'est ça, écrivez... allez donc... (Revenant à elle.) Et vous-même, Mlle Blum, si on vous aimait, si... (A part.) Tant pis! il m'a monté la tête, ça vient.

Mlle BLUM
M. Jacquet!

JACQUET.
Si on vous disait : Je vous aime!.. voulez-vous mon bonheur... mon espoir... ce serait...

Mlle BLUM.
M. le Comte!.. silence!..

JACQUET.
Quand j'étais lancé... ça ne manque jamais.

SCÈNE XII.

LE COMTE, CÉCILE, JACQUET, Mlle BLUM.

LE COMTE.
Eh! non, je ne pense plus à lui! je serai calme!..

CÉCILE.
Ne pensez plus à ce jeune homme... puisqu'il n'est plus là... puisque... (Apercevant Victor qui vient de s'éloigner.) Ah!..

LE COMTE.
Quoi donc?..

JACQUET, à part.
Oh! elle l'a vu... ça lui a fait quelque chose.

Mlle BLUM.
Oui, M. le Comte... oui, il vient de partir.

JACQUET.
Certainement... ce pauvre garçon retourne à Paris... aujourd'hui même... tout à l'heure.

CÉCILE.
A Paris.

LE COMTE.
Tant mieux, bon voyage!.. on ne le regrette pas ici!.. un entêté... qui ne respecte rien!.. je le déteste! et s'il se permettait!..

CÉCILE.
Ah! vous m'avez promis d'être calme.

JACQUET.
Je voudrais bien vous voir à sa place, vous, tout M. le Comte que vous êtes, si vous aviez du chagrin, si vous étiez amoureux... civilement parlant.

LE COMTE.
Amoureux!.. lui!..

Mlle BLUM, vivement.
Oui, d'une jeune fille... à Paris... c'est pour cela qu'il y retourne.

JACQUET.
Voilà! (A part.) Elle ment comme un bulletin.

CÉCILE.
Ah! M. Victor!..

JACQUET.
Mon Dieu, oui! on lui enlève celle qu'il aime.

Mlle BLUM, vivement.
A Paris...

LE COMTE.
Ce n'est pas difficile... s'il croit se faire aimer... avec un caractère comme le sien.

JACQUET.
Eh! non... son caractère, il ne faut pas le juger pour quelques mots d'amitié qu'il vous a dits là tout à l'heure... c'était au mauvais moment... il venait d'apprendre... Écoutez donc... quand on a du chagrin, que la tête se monte, que le cœur... n'est-ce pas, mamzelle.
(Mlle Blum tousse. Mouvement de Cécile.)

LE COMTE.
Comment!

JACQUET.
C'est à Mlle Blum que je parle... c'est que voyez-vous... on n'y est plus, on devient fou... je me rappelle...

LE COMTE.
Ah! bon! tu as passé par là, toi!

JACQUET.
Si j'y ai passé!.. ah! oui... je m'en flatte... à son âge... j'étais jeune, c'était mon premier amour... et le premier, ça tient ferme!..

LE COMTE.
Tais-toi!.. il va nous conter ses amours.

JACQUET.
Oh! en tout bien, tout honneur!.. je l'aimais... j'en étais fou... cette pauvre Fanny...

LE COMTE.
Fanny!..

CÉCILE.
Bon père Jacquet!

Mlle BLUM.
Il a le cœur si tendre!

LE COMTE.
Ah! tu as aussi aimé une Fanny. (Se reprenant.) Je veux dire tu as aimé...

JACQUET.
Je l'ai idolée!.. ah! pauvre petite, je la vois

encore! jolie et bonne! trop bonne... c'est ce qui l'a perdue... et un état... couturière! rien que ça! couturière à Paris!.. ça pouvait la mener loin.

LE COMTE.
Hein?.. couturière!..

JACQUET.
Oui... couturière... rue Charlot.

LE COMTE, vivement.
Rue Charlot?..

JACQUET.
Pour rester près d'elle, pour l'épouser, je ne voulais pas être soldat! je me serais fait tuer plutôt! c'était en l'an VIII.

LE COMTE, à part.
En l'an VIII.

JACQUET.
Et voilà qu'un officier, un scélérat de séducteur vient me l'enlever!..

CÉCILE.
Mlle Fanny.

LE COMTE.
Fanny Moreau.

JACQUET.
Ah bah! son nom!

LE COMTE.
Ah! oui... tu viens de le dire!.. et cet officier te l'enleva,...

JACQUET.
Oui, la vertu même!.. que voulez-vous, une jeune fille qu'on mène dîner au Cadran-Bleu... avec du homard, du vin de Champagne et autres rafraîchissemens...

Mlle BLUM.
C'est intéressant!..

LE COMTE, riant.
C'est bon! c'est bon!

JACQUET.
Comment! c'est bon!.. et de là au spectacle, en loge grillée... à l'Ambigu... pour voir...

LE COMTE.
La femme à deux maris!

JACQUET.
Tiens! d'où savez-vous!.. qu'est-ce qui vous a dit...

LE COMTE.
Mais rien.... c'est que je me rappelle.... en l'an VIII... j'étais à Paris... avec un officier de mes amis... c'était lui, je crois...

JACQUET.
Qui m'a enlevé Fanny!

CÉCILE.
C'était un bien vilain homme.

LE COMTE.
Vous trouvez!.. mais...

Mlle BLUM.
C'était un monstre!..

JACQUET.
Oh! oui, lui qui m'a rendu si malheureux, que je suis parti pour un autre! qui m'a volé toute ma fortune de ce temps-là!.. mes amours, mes espérances... je n'avais que ça!..

CÉCILE.
C'est affreux!

LE COMTE.
Bien! bien!

Mlle BLUM.
Sans doute, et un homme pareil...

LE COMTE.
Taisez-vous!

JACQUET.
Dieu! si je l'avais retrouvé!.. j'étais si malheureux!

Air : Qui n'a pas vu ces bosquets de lauriers.

J'aurais voulu mourir cent fois,
Tant du sort j'avais à me plaindre!
Mais l' canon m'en voulait, je crois,
Jamais il n'a voulu m'atteindre.
Quand j' disais, le cœur irrité,
« De la vie il faut qu'on m' délivre! »
Les boulets passaient d' l'autre côté,
Et frappaient sans utilité
Des malheureux qui voulaient vivre.

SCÈNE XIII.

LES MÊMES, JEAN-BAPTISTE.

JEAN-BAPTISTE, accourant, portant une caisse.
Eh! les autres! venez donc, venez donc! ah! père Jacquet!

LE COMTE.
Qu'est-ce que c'est?..

JEAN-BAPTISTE.
Ah! pardon!.. c'est les autres, les conscrits, à qui le père Jacquet doit montrer l'exercice...

JACQUET.
Oui! ils viennent bien!..

JEAN-BAPTISTE.
Et puis la caisse que M. le Comte attendait et que voici.

LE COMTE.
Bien! (A Cécile.) C'est pour vous, mon enfant. Rentrez... et ce soir, au château... j'attends mon notaire... vous y serez. (A Jean-Baptiste.) Porte cela dans le pavillon.

Mlle BLUM, bas.
Vous m'avez attendrie, M. Jacquet.

CÉCILE, bas, à Jacquet.
Oh! père Jacquet... dites à M. Victor que... je le plains de tout mon cœur.
(Mouvement de Jacquet.)
(Les deux femmes gagnent le pavillon; le Comte, du fond, regarde Jacquet qui est resté seul sur l'avant-scène.)

LE COMTE, à lui-même.
Comment! ce pauvre garçon... qui était dans la loge... aux pieds de Fanny... c'était... Ah! le pauvre diable!..

JACQUET, le regardant sortir.
Hein!.. le nom de Fanny... et son adresse rue Charlot... et le spectacle... *la Femme à deux Maris*... C'est bien cela, et puis cette loge où j'étais... Comment sait-il?.. Dam! à moins que ce ne... Oh! je serais trop heureux... Rien que le soupçon, ça m'étouffe!.. Ah! je le saurai bien!
(Il va pour sortir.)

SCÈNE XIV.

JACQUET, JEAN-BAPTISTE, Conscrits.

(L'orchestre joue l'air de l'Ivrogne jusqu'au refrain.)

JEAN-BAPTISTE, le retenant.

Eh! les amis!..

(Les Conscrits arrivent à eux avec du vin, des verres, etc.)

LES CONSCRITS.

Nous voilà! nous voilà! (Ils l'entourent.) Ah! père Jacquet!.. père Jacquet!..

JACQUET.

Quoi?.. Qu'est-ce que c'est?.. Qu'est-ce que vous me voulez?..

JEAN-BAPTISTE.

Ah! ça, est-il ours!.. Mais, regardez donc, c'est les autres, les conscrits... pour la leçon d'exercice!.. V'là Jean Leroux... v'là Cadet Leblanc... et le petit Potel...

JACQUET.

Il paraît que les jolis garçons sont restés au village.

JEAN-BAPTISTE.

Tiens! pourquoi ça!..

JACQUET.

Dam! c'est qu'ils ne sont pas ici.

TOUS, riant et le pressant.

Oh! oh!

JACQUET.

Allons! allons! petits!.. Bonjour!.. Je m'en vas!

JEAN-BAPTISTE, prenant une bouteille.

Oh! vous ne nous quitterez pas comme ça!.. et le vin du château, du meilleur!.. Au fait, ça se trouve bien!.. j'étouffe!.. Et à la santé de M. le Comte!

Air de l'Ivrogne.

Voyez-vous déjà
  L'effet de la
    Bouteille
    Vermeille!
Devant c't' arm'-là,
  Il ne doit pas
  R'culer d'un pas!

JACQUET.

Eh bien! oui, me v'là!
  Passez-moi la
    Bouteille
    Vermeille!
Devant c' danger-là,
  Je ne veux pas
  Reculer d'un pas!

Attention, conscrits!.. Passez-moi l'enfant!.. Première leçon d'exercice!.. (Il prend la bouteille.) Fanny!.. L'Ambigu!..

JEAN-BAPTISTE.

Hein? Vous dites?..

JACQUET.

Silence et alignement!.. (Prenant un verre.) Vous tenez le verre de la main droite, et la dame-jeanne de ce côté!.. Amorcez... (Il verse; les autres en font autant.) Vous levez le coude à la hauteur de l'épaule... le petit doigt détaché de la main... la tête légèrement inclinée... Regardez bien...

TOUS.

Oui, oui.

JACQUET.

Et en rapprochant le premier rang du second vous faites feu! (Il boit lestement.)

JEAN-BAPTISTE, allant pour boire.

C'est bien malin!.. Le coude...

JACQUET, prenant son verre.

Ce n'est pas ça!.. Le corps plus en arrière! Voilà!.. (Il boit, les autres rient.)

JEAN-BAPTISTE.

Ah! mais! ah! mais!

JACQUET, à un autre.

Détache donc le petit doigt. Comme ça!.. (Il boit son verre. Et au troisième.) Tu n'y entends rien! A la hauteur de l'épaule.

LE QUATRIÈME CONSCRIT.

Comme ça, père Jacquet?

JACQUET, prenant son verre.

A ta santé, mon garçon!

TOUS, riant.

Ah! ah! ah!

REPRISE DE L'ENSEMBLE PRÉCÉDENT.

Voyez-vous déjà, etc.

JACQUET.

Voilà ma première leçon d'exercice. Bonsoir. (Il va pour sortir. Ils le retiennent.)

JEAN-BAPTISTE.

Mais le reste!

TOUS.

Le reste!

JACQUET.

Le reste, mes enfans, ça s'apprend au feu... un jour de bataille...

JEAN-BAPTISTE.

Oh!.. moi... un jour de bataille... je suis sûr que la canonnade, la fusillade ne me feraient pas peur!..

TOUS.

A toi! à toi!..

(Victor s'approche du vase et y jette son billet sans être vu.)

JEAN-BAPTISTE.

Je serais solide au poste!..

(Victor, en disparaissant, tire un coup de fusil.)

TOUS.

Ah!

(Jean-Baptiste se laisse tomber sur les deux genoux.)

JACQUET.

Qui est-ce qui tire sur nous? (Montrant Jean-Baptiste.) Il n'a pas peur, et le voilà mort!

TOUS.

Ha! ha! ha!

SCÈNE XV.

LES MÊMES, CÉCILE.

CÉCILE, entrant vivement, au milieu des éclats de rire.

Mon Dieu!.. ce bruit!.. Messieurs...

(Les rires cessent.)

JACQUET.

Ne faites pas attention, Mademoiselle. C'est quelque braconnier qui rôde dans notre parc.

Je le poursuis et je vous rapporterai ses deux oreilles !..
CÉCILE.
Oh ! non, ne faites de mal à personne !..
JACQUET.
Ah ! tiens !.. (A part.) Est-ce qu'elle connaîtrait ce coup de fusil... (Haut.) Excusez, Mamzelle : je donne une leçon d'exercice à ces gringalets...
TOUS, murmurant.
Des gringalets !..
CÉCILE.
Oh ! plus loin, plus loin... je vous en prie !
JACQUET.
Ah ! c'est-à-dire qu'il faut... Entendu !.. (A part.) Elle attend le coup de fusil, c'est sûr.
JEAN-BAPTISTE.
Mais, père Jacquet, ce braconnier...
JACQUET.
Silence ! et emboîtez le pas ! Par file à gauche, gauche !.. gauche, droite !.. gauche, droite !.. (Passant près de Cécile.) Il ne faut pas l'arrêter ?
CÉCILE.
Non !..
JACQUET.
Je n'y manquerai pas. (Criant.) Gauche, droite !.. Bon !.. en voilà un qui prend sa gauche pour sa droite !.. Le côté de la soupe, imbécille !.. Là !.. là !..
(Ils sortent sur une seule ligne, avec lui.)

SCÈNE XVI.

CÉCILE, LE COMTE.

CÉCILE, seule.
Oh ! c'est lui ! Pauvre M. Victor !..
(Elle court au vase. Au même moment le Comte paraît au fond.)
LE COMTE, sans être vu de Cécile.
Un coup de fusil !.. en plein jour !.. chez moi !
CÉCILE.
Je ne devrais pas lire, peut-être... mais il est si malheureux !.. (Le Comte descend doucement près de Cécile qui tire le billet du vase ; elle le tient élevé en l'air. Le Comte le saisit vivement. Elle se retourne, le voit, pousse un cri d'effroi et se sauve à gauche.) Ah !.. (Elle sort.)
LE COMTE, la suivant.
Cécile ! Cécile !.. (Seul.) Elle fuit !.. Mais ce billet !.. à elle !.. Qui donc oserait ?.. Une intrigue !.. Oh ! non, c'est impossible !.. (En parlant, il a ouvert le billet.) Victor !.. lui !.. (En lisant.) Oui... oui... c'est bien cela !.. Il l'aime... Ah ! l'insolent ! (Il froisse le billet.)

SCÈNE XVII.

LE COMTE, JACQUET, JEAN-BAPTISTE.

JACQUET.
Je te défend de venir par ici !..
JEAN-BAPTISTE.
Mais notre...

LE COMTE.
Il m'insulte !.. il cherche à séduire...
JACQUET.
Ah ! les oiseaux sont dénichés !
LE COMTE, se retournant avec colère.
Qui est là ?.. Ah ! c'est vous ! Approchez, approchez donc !.. Est-ce que je vous fais peur ?
JEAN-BAPTISTE, tout tremblant.
Non ! au contraire... (A part.) Je voudrais m'en aller !..
LE COMTE, à Jacquet.
Eh bien ! me feras-tu encore l'éloge de ton protégé !.. de ce drôle !
JACQUET.
Ah ! mais ! ah ! mais !
LE COMTE, avec violence.
Oui ! c'est un misérable !.. (A Jean-Baptiste qui s'échappe.) Eh ! reste donc, nigaud !..
JEAN-BAPTISTE, tremblant.
Vous êtes bien bon, M. le Comte !..
JACQUET.
Mais, dites-moi...
LE COMTE.
Eh ! va-t'en à tous les diables !..
JACQUET.
Je n'irai pas.
LE COMTE, à Jean-Baptiste.
Et toi, va prévenir M. Victor que je veux lui parler... Ah ! je lui apprendrai à me respecter... (Il va pour sortir et revient.) Ici ou chez lui, n'importe !.. j'irai le trouver !..
JACQUET.
Vous !..
LE COMTE.
Oui, moi !.. (Jean-Baptiste va pour sortir ; il revient.) Demande-lui son heure... Dis-lui... Non... non... Je lui dirai moi-même !.. Va !.. va !..
(Jean-Baptiste sort.)
JACQUET, à part.
Ah ! ça, est-ce qu'il saurait... Eh bien ! tant mieux ! Mais, enfin...
LE COMTE.
Hein ? Qu'est-ce que tu me veux avec tes contes !.. Toi, qui prétends diriger ma maison... (Mouvement de Jacquet.) veiller à tout... (Même mouvement) empêcher le désordre !.. Je te conseille de t'en vanter !.. A moins que tu ne m'aies trahi !.. (Jacquet veut parler.) Tu n'as rien à répondre.
JACQUET.
Je crois bien... vous parlez toujours.
LE COMTE.
Fais-moi venir Mlle Blum !.. Ah ! tu lui apportes des romans !.. des Indiana !.. des... Je brûlerai tout !..
JACQUET.
Qu'est-ce que ça fait à M. Victor ?
LE COMTE.
M. Victor ! Tu viendras me vanter son honneur... sa probité !..
JACQUET.
Pourquoi pas ?..
LE COMTE.
S'introduire dans une maison pour y jeter le trouble... pour séduire une pauvre jeune fille !..
JACQUET.
Permettez !..

LE COMTE.
Pour outrager un honnête homme !

JACQUET.
Ça ne se peut pas !..

LE COMTE.
Tiens ! démens donc cette lettre qu'il écrit à ma pupille... à Cécile...

JACQUET, qui a pris la lettre.
Une lettre... Je ne dis pas... c'est possible... On est amoureux... ça se voit tous les jours !.. (Mettant ses lunettes.) Ecoutez donc, c'est jeune, mais ça a du cœur... et du moment qu'il voulait partir...

LE COMTE.
L'infâme !..

JACQUET, lisant.
« Adieu, puisque vous avez trahi mon amour, puisque vous donnez cette main qui était mon bien...

LE COMTE.
Il en a menti !

JACQUET.
» A un vieillard qui ne peut rien pour votre bonheur !.. » (Il s'arrête et regarde le Comte par dessus ses lunettes.) Ah !..

LE COMTE.
Un vieillard !..

JACQUET.
« ... Si ce rival était de mon âge, je le tuerais !.. » (S'interrompant.) Il le tuerait !... Alors c'est heureux que vous soyez...

LE COMTE.
Eh ! morbleu !...

JACQUET.
« ... Mais un homme qui serait votre aïeul, un vieux...

LE COMTE, arrachant la lettre.
C'est assez !.. Ah ! je lui ferai voir que ce vieux... cette momie, comme il dit...

JACQUET.
Ah ! il a dit ça ?..

LE COMTE, continuant.
Peut encore donner une leçon... C'est moi qui le tuerai !..

JACQUET.
Vous ! allons donc !

LE COMTE.
Ah ! il croit qu'on détruit ainsi des espérances de bonheur ! qu'on dispose du sort d'une jeune fille !.. d'une jeune fille qui ne peut être à lui !.. C'est indigne !..

JACQUET, l'observant.
Voilà juste ce que je disais quand cette pauvre Fanny...

LE COMTE.
Eh ! Fanny...

JACQUET, de même.
Oui ! ma petite couturière, vous savez... C'était indigne aussi !..

LE COMTE.
Laisse-moi donc tranquille !.. une grisette !..

JACQUET.
C'est ça, parce que ce n'était pas une belle demoiselle !.. Et moi... moi... qui l'aimais !.. Un pauvre garçon... un conscrit... un rien du tout... je ne dis pas !.. Mais, c'est égal... il m'a rendu bien malheureux... votre ami... cet officier... C'était...

LE COMTE.
Un étourdi, voilà tout !..

JACQUET, l'observant.
C'était un lâche ! voyez-vous !..

LE COMTE.
Jacquet !

JACQUET, à part.
Il a pâli. (Haut.) Il avait détruit toutes mes espérances, séduit une jeune fille qui ne pouvait à lui non plus !..

LE COMTE.
C'est bien ! c'est bien !

JACQUET.
C'est bien !.. Non, c'est mal !.. Et me faire arrêter par un officier de paix !.. Il n'avait pas de cœur !..

LE COMTE.
Veux-tu te taire ?..

JACQUET.
Non, non, pas de cœur ! Et, s'il était là, je le lui dirais en face...

LE COMTE, violemment.
Te tairas-tu ?..

JACQUET.
Qu'il n'a pas de cœur !..

LE COMTE.
Malheureux ! c'est moi !..

JACQUET.
Vous ! Allons donc ! je savais bien que je vous ferais parler !..

LE COMTE.
Oui, moi !.. Mais ne parle pas de cela, entends-tu !..

JACQUET.
Au contraire, parlons-en ! Ah ! je suis trop content !.. C'est vous ? Et cette pauvre Fanny...

LE COMTE, riant.
Ah ! tu y penses encore !

JACQUET.
Si j'y pense ! à Fanny... que vous avez abandonnée... après... (Comme recueillant ses idées.) après... Eh ! mais !.. attendez donc... C'est vous... (Avec explosion.) c'est vous... Ce que j'espérais Ah ! je vais rire, enfin !

LE COMTE.
Hein ! qu'est-ce qui te prend ?

JACQUET.
Ah ! vous voulez vous marier pour avoir une famille !..

LE COMTE.
Tu dis...

JACQUET.
Je dis que cette jeune fille, Fanny, que vous aviez abandonnée, quittée, après l'avoir trompée !..

LE COMTE.
Et mon régiment !

JACQUET.
Elle n'a plus entendu parler de vous... ni vu ni connu... quoi... Et quand sa faute, qu'elle ne pouvait plus cacher! l'a fait délaisser par tout le monde... moi je suis revenu à elle... non pas pour l'aimer, mais pour la secourir en brave et honnête garçon que j'étais... parce qu'enfin ce n'était pas tant sa faute peut-être que la vôtre... Dam ! si jeune... et puis si bonne et si vaniteuse... Un bel officier... ça lui aura tourné la tête... Elle était trop punie... Et qu'est-ce qui

en aurait eu pitié sans moi ?.. Aussi, plus tard, sa fille... un amour d'enfant dont vous étiez le père...
LE COMTE.
Veux-tu te taire !..
JACQUET.
C'est moi qui en ai été parrain. Il paraît que c'est toujours comme ça... on est parrain... et l'autre... cette pauvre Fanny n'existait plus, et moi, je me suis chargé de l'enfant.
LE COMTE.
Toi ? C'était bien !
JACQUET.
Mais vous... c'était mal... car ça vous regardait ! votre fille !..
LE COMTE, vivement.
Tais-toi ! (Se rapprochant avec intérêt.) Et qu'est-elle devenue ?
JACQUET.
Ah ! mon Dieu ! ah ! mon Dieu ! je crois qu'elle vous ressemblait un peu.
LE COMTE.
C'est possible. Après ?
JACQUET.
Un honnête ouvrier l'a épousée... un ébéniste...
LE COMTE.
C'est bien ! je viendrai à leur secours en secret... car enfin, c'est... Tu sais où ils sont ?..
JACQUET.
Oui... ils sont morts tous les deux !
LE COMTE.
Ah !
JACQUET.
Mais vous êtes grand-père ?..
LE COMTE.
Moi ?..
JACQUET.
Oui, grand-père !..
LE COMTE.
Te tairas-tu ?..
JACQUET, très gaîment.
Oui, oui, grand-père ! Ah ! vous croyez que ça se fait comme ça, vous... qu'on enlève une jeune fille à son amoureux... qu'on la trompe... qu'on jette un enfant sur la terre, et qu'on est quitte pour dire : Tant pis, je ne le connais pas. Arrivera qui pourra ! Eh bien, non ! eh bien, non !.. Elle s'est mariée aussi, cette petite... mais honnêtement, à un brave garçon qui n'avait pas le sou... comme elle !.. Mais les pauvres gens... voyez-vous, ça peuple ! ça peuple !.. si bien que vous êtes grand-père... grand-père de cinq enfans !
LE COMTE.
Miséricorde !
JACQUET, de même.
Cinq enfans que j'aimais, que je soutenais de loin !.. Et voilà où va mon argent !
LE COMTE.
Ah bah !..
JACQUET.
Mais vous, qui vouliez une famille... en voilà une toute faite, toute élevée, qui marche toute seule.
LE COMTE.
Si tu dis un mot !..

JACQUET, de même.
Qui ne vous donnera pas de peine... et qu est plus sûre que l'autre !..
LE COMTE.
Par exemple ! avise-toi !
JACQUET, de même.
Des enfans superbes... et des filles jolies ! jolies ! Hein ! quel placement pour votre fortune !
LE COMTE, le secouant par le bras.
Mais quand je te dis...
JACQUET.
Ah !
Ah ! vous aimez le mélodrame ?..
LE COMTE.
Je te défends...
JACQUET.
Allez toujours !
Je ne donn'rai pas, sur mon âme !
C' moment-ci pour un an d' mes jours !
LE COMTE.
Morbleu ! je te rends responsable
De tout...
JACQUET.
C'est, comme à l'Ambigu,
La punition du coupable...
Et le triomph' de la vertu !

Mlle BLUM, accourant.
M. Jacquet !
LE COMTE, à Jacquet.
Tais-toi !
JACQUET.
Ah ! vous m'avez enlevé Fanny !
LE COMTE.
Tais-toi donc !

SCÈNE XVIII.
LES MÊMES, Mlle BLUM.

Mlle BLUM.
M. Jacquet !
LE COMTE.
Mlle Blum, je veux voir Cécile, à l'instant.
Mlle BLUM.
Oui, M. le Comte... mais pardon... ce sont les jeunes filles que M. Jacquet m'a priée...
JACQUET, hors de lui.
Hein ! ces jeunes filles ?.. Elles sont arrivées...
Mlle BLUM.
Et si gentilles !
JACQUET, au Comte.
Elles sont arrivées ?..
LE COMTE.
Qui, elles ?
JACQUET, d'une voix étouffée.
Eh bien ! elles... vos petites-filles...
LE COMTE, lui mettant la main sur la bouche.
Malheureux !
Mlle BLUM.
Plaît-il ?
JACQUET.
Il faut qu'elles viennent ici.
LE COMTE, vivement.
Non, non, miséricorde !.. Je me sauve !
(Il va pour sortir.)

SCÈNE XIX.
Les Mêmes, JEAN-BAPTISTE, VICTOR, et ensuite CÉCILE.

JEAN-BAPTISTE.
M. Victor !
LE COMTE, se retournant avec colère.
M. Victor !
JACQUET, allant vivement au Comte.
Général !..
LE COMTE.
Enfin, j'allais vous trouver, Monsieur.
VICTOR.
Pardon, M. le Comte, si je vous ai fait attendre... mais j'étais retenu par mes sœurs, qui arrivent à l'instant...
LE COMTE.
Vos sœurs ?.. (Regardant Jacquet.) Ses...
JACQUET, à demi-voix.
Eh oui !.. le frère des quatre qui les élève, les soutient de son travail... votre petit-fils !..
LE COMTE, lui serrant le bras.
Assez !.., assez !
VICTOR.
Vous me demandez, M. le Comte, pour une explication, m'a-t-on dit ?
LE COMTE.
Une explication ?.. Oui, j'étais bien aise de vous revoir, de... (A part.) Ah ! ce petit entêté... qui me résiste... qui refuse mes cadeaux... c'est mon... c'est mon...
JACQUET, bas.
C'est un brave garçon, n'est-ce pas ?..
LE COMTE, de même.
Oui... oui...
JACQUET, bas.
Et gentil !.. Comme il lui ressemble... à elle !..
LE COMTE, bas.
Un peu.
JACQUET.
Et à vous... beaucoup... (A part.) Ça fait toujours plaisir.
LE COMTE.
Chut ! (Haut à Victor.) J'ai lu votre correspondance... (Montrant le vase.) Je connais votre boîte aux lettres !
VICTOR.
Grand Dieu !
JACQUET, bas.
Ah ! si vous le grondez !..
LE COMTE.
C'est mal, Monsieur, c'est très mal, et vous mériteriez...
VICTOR.
Quoi donc ? ce que j'ai écrit, je le pense, je le répète... (Jacquet lui fait signe de se taire.) Je suis prêt à le soutenir jusqu'à la dernière goutte de mon sang. (Jacquet redouble ses signes.) Oui, c'est indigne, de contraindre...
LE COMTE, l'interrompant.
M. Victor !
JACQUET, bas à Victor, qui continuait.
C'est votre grand-père !..
VICTOR, tout ébahi.
Ah !
LE COMTE, bas à Jacquet.
Qu'est-ce que tu lui as dit ?

JACQUET, bas.
Rien !.. rien !..
(Il fait signe à Victor de se taire.)
Mlle BLUM, à Cécile.
M. le Comte vous demande...
LE COMTE.
Cécile, approchez... Vous aimez donc monsieur Victor ?.. (Cécile recule effrayée.) Vous l'aimez donc ?..
JACQUET, bas à Cécile.
Dites que oui.
LE COMTE.
Vous l'aimez donc ?
CÉCILE.
Oui, Monsieur.
LE COMTE.
Vous m'avez donc trompé !.. vous m'avez fait accuser de contrainte... moi, qui ne veux que votre bonheur !..
VICTOR, balbutiant.
Ah ! Monsieur... je n'ai pas dit... Pardonnez... quand on aime...
JACQUET.
Oui, à présent... c'est comme l'an VIII.
LE COMTE, vivement.
C'est mal à vous... à vous deux. (A Cécile.) Tu n'as pas eu de confiance en moi. (A Victor.) Vous m'avez traité lestement, vous... vous êtes deux ingrats... (Mouvement.) Oui, oui, deux ingrats ; et, pour vous punir tous les deux... eh bien !.. eh bien !..
JACQUET.
Il vous pardonne !..
LE COMTE, les unissant.
Eh ! parbleu !..
VICTOR.
Ah ! Monsieur !
CÉCILE.
Quel bonheur !
JACQUET.
Bravo ! c'est d'un bon pè... c'est d'un brave homme !.. Dieu ! que je suis content ! J'embrasserai tout le monde... (Embrassant Mlle Blum.) Tant pis ! ça y est !..
VICTOR, à Jacquet.
Ce que vous m'avez dit là, c'est donc vrai ?
JACQUET.
Chut !.. n'ayez pas l'air... (Au Comte.) Rien, rien !.. Ah ! ça, vous ne vous plaindrez plus d'être seul ?.. Grand-père... et bientôt... quatre générations ! Après ça, si vous voulez vous marier !..
LE COMTE.
Oh ! non... j'ai une famille !..
JACQUET.
Mais, moi, je n'en ai pas !.. (A Mlle Blum.) Et, maintenant, Mamzelle, je suis si heureux, qu'il faut que j'achève de vous dire...
JEAN-BAPTISTE, se plaçant vivement entre eux.
Dites donc, père Jacquet, est-ce que l'exercice est finite ?..
JACQUET.
Eh ! va te promener !.. civilement parlant !..

ACTE II, SCÈNE XIX.

CHŒUR FINAL.

Air :

Plus de regrets, de tristesse !
Pour enchaîner les plaisirs,
Les uns auront leur jeunesse,
Les autres leurs souvenirs.

JACQUET, au Public.

Air de Turenne.

A dix-huit ans, plein d'ardeur et d'audace,
Je bravais tout, sans peur... Mais, aujourd'hui,
J'en fait l'aveu tout bas... l'âge me glace,
Je me fais vieux... j'ai besoin d'un appui...
Pauvre vieillard... j'ai besoin d'un appui...
Soyez le mien, soutenez ma faiblesse,
Et que je puisse en ces lieux, tous les jours,
  Pour le Public, mes seuls amours,
  Avoir des retours de jeunesse.

FIN.

Impr. de Mme DE LACOMBE, r. d'Enghien, 12.

www.ingramcontent.com/pod-product-compliance
Lightning Source LLC
Chambersburg PA
CBHW070446080426
42451CB00025B/1760